AF532896

Ruhestand

Wohlstand, Gesundheit & Glück in der Rente

Wie Sie sich ganz einfach finanziell und geistig auf das Leben als Rentner vorbereiten und die beste Zeit des Lebens sorgenfrei genießen können

INHALT

Das erwartet Sie in diesem Buch

Was bedeutet es, zu altern? Altern ist nicht nur eine körperliche Erfahrung. Auch nicht nur eine geistige Erfahrung, die sich meistens als eine geistige Reife herausstellt. Altern ist viel mehr. Zwar steigt die Lebenserfahrung mit dem Absinken der körperlichen Kraft und Ausdauer, doch der schleichende Mangel an der körperlichen Jugend macht vielen zu schaffen. Betrachtet man den Lebenslauf eines Menschen von klein auf, so wird deutlich, dass sich stetig die Interessen verändern, angepasst an das jeweilige Alter. Umso wichtiger ist es, für das Alter vorzusorgen. Der Ruhestand ist dabei ein Begriff, der interessant ist, vor allem für Berufstätige, die 40 Jahre, ja sogar über 45 Jahre gearbeitet haben. Allerdings ist die Bevölkerungspyramide vor allem in Deutschland einem extremen Wandel unterworfen. Während 1989 noch eine schöne Baumform existent war, veränderte sich der Baum bereits ein Jahrhundert später, sodass die Anzahl der älteren Menschen stetig angestiegen ist.

Das Jahr 2000 brachte bereits eine weitere Verschiebung in die ehemalige Baumspitze. Ein besonders starkes Indiz dafür, dass Sie insbesondere Ihre Rente rechtzeitig planen und organisieren sollten. Doch allein finanzielle Mittel reichen nicht aus, um Ihren Ruhestand zu organisieren. Denken Sie einmal darüber nach, was Sie sich wünschen. Wie sieht Ihr aktueller Tagesablauf aus? Was tun Sie, wenn Sie nicht arbeiten müssen? Wie wichtig ist Ihnen Ihre Arbeit? Dies ist nur ein Auszug dessen, was Sie für Ihre Vorsorge für den Ruhestand beachten sollten. Denn allein die Betrachtung von Menschen, die im hohen Alter aus dem Beruf in den Ruhestand gehen, reicht aus, um zu verstehen, dass genau dieser extreme Einschnitt in ein anderes Leben große Probleme bereiten kann. Sehen Sie sich nur einmal Bekannte und Freunde an oder Ihren Opa und Ihre Oma. Was erkennen Sie an ihnen? Dass Ihre Großeltern, sollten sie noch relativ gesund sein, die Hände und Füße nicht stillhalten können? Dass Ihre Großeltern, wenn sie eine noch gute Rente erhalten, noch immer arbeiten gehen? Genau das ist der Punkt, an den Sie später einmal denken sollten. Die Gestaltung eines ruhigen und angenehmen Übergangs in den Ruhestand ist nicht selbstverständlich. Deswegen ist es so dringend ratsam, frühzeitig auch im Bereich Freizeitbeschäftigung und Co. Vorbereitungen zu treffen. Einen übersichtlichen Leitfaden zu Rate zu ziehen und sich selbst zu hinterfragen, was man wirklich möchte. In diesem Ratgeber erwartet Sie ein solcher Leitfaden, der Ihnen sowohl hilft, die richtige Richtung Ihrer Wünsche und Gedanken zu erkennen, als auch, Pläne für Ihren Ruhestand einfacher einzuleiten und durchzuführen.

Kapitel 1: Die Rente - Klären Sie finanzielle Mittel rechtzeitig

Wie Sie sich sicher schon denken können, ist Geld eines der Probleme, die Sie frühzeitig klären müssen. Geldprobleme sind praktisch gleich gesetzt mit Existenzproblemen und führen zur Altersarmut, die steigend immer mehr Menschen in Deutschland betrifft. Womit nicht nur alte Menschen gemeint sind, sondern auch junge Menschen, die noch am Anfang ihrer beruflichen Karriere stehen. Der wohlverdiente Start in den Ruhestand ist damit abhängig von den finanziellen Mitteln, die Sie idealerweise bereits in Ihrer Jugend vorausgeplant haben. Eingeteilt in vier Phasen spricht die IG-Metall von der Vorbereitung eben genau dieser finanziellen Mittel für Ihren Ruhestand.

In Phase 1 wird der frühzeitige Rentencheck empfohlen. Hierbei steht die Frage des Zeitpunkts im Raum, wann Sie überhaupt in den Ruhestand gehen können. Abhängig vom Geburtsjahr, aber auch von der Anzahl der Versicherungsjahre werden Sie mit dem Fortlaufen der Jahre mit einem erhöhten Eintrittsalter für die Rente konfrontiert werden. Denn seit 2012 ist das reguläre Rentenalter stetig am Ansteigen. Während Personen, die im Jahr 1964 auf die Welt kamen, mit 67 Jahren in den Ruhestand können, steigt das künftige Ruhestandsalter immer weiter. Mittlerweile wird schon ein Rentenalter ab 70 in den Raum gestellt. Zudem sind mindestens 35 bis 40 Jahre einberechnet für die Versicherungseinzahlung, was unmittelbar vor der regulären Altersgrenze abgeschlossen sein soll. Zudem müssen Sie trotz alle dem, sowohl weiterhin zusätzlich Beiträge zur Krankenversicherung als auch zur Pflegeversicherung zahlen und auch Steuern müssen abgezogen werden. Die Besteuerung der Renten nimmt mit jedem Jahr zu. Eine gute Übersicht finden Sie im Gesetzbuch der Einkommensteuer. Zum Beispiel sind im Jahr 2025 Rentner mit 85 % Besteuerung betroffen. Die

Frage nach dem Einkommen im Alter ist also berechtigt. Die Frage nach der Höhe des Einkommens im Ruhestand ist gleichsam berechtigt. Dies geschieht grob folgendermaßen:

1. Sie benötigen die Information der voraussichtlichen gesetzlichen Rente. Diese Information finden Sie in der jährlichen Renteninformation Ihrer Rentenversicherung.
2. Dann müssen Sie prüfen, ob private Rentenversicherungen und Betriebsrenten existent sind.
3. Weiterhin müssen Sie prüfen, ob sie eventuell zusätzliche Einkünfte beziehen werden. Zum Beispiel durch einen Nebenjob oder passive Einkommen wie Mieteinnahmen, Witwenrente, etc.
4. Sind Sie in den Punkten 1-3 fündig geworden, überlegen Sie erst einmal bei jeder Position den Brutto- und auch den Nettoauszahlungswert. Hierbei ist zu beachten, dass die Fahrkosten für die Arbeit und andere betriebliche Ausgaben wegfallen werden und Ihre privaten Ausgaben steigen werden. Eine Umstellung auf die viele sich erst einmal nur schwer einstellen können. Insbesondere der Faktor Gesundheit ist dringend einzukalkulieren. Betrachtet man die steigenden Krankheitsfälle und Anfälligkeiten für Krankheiten aufgrund eines z. B. zu schwachen Immunsystems. All dies rechnen Sie zusammen und ziehen die zukünftigen Ausgaben pauschal ab.
5. Die Berechnung der gesetzlichen Rente ist gleichsam einer Formel unterworfen: Entgeltpunkte x Zugangsfaktor x aktueller Rentenwert x Rentenfaktor. Aus der Berechnung dieser Formel erhalten Sie die jeweilige und individuelle Rentenhöhe. Um zu verstehen, was diese Formel überhaupt aussagen will, betrachten Sie doch einmal die einzelnen Begriffe und deren Bedeutung. Der **Entgeltpunkt** steht praktisch für den Rentenpunkt. Das bedeutet, dass wenn jemand ein Jahr lang mit einem Durchschnittsentgelt gearbeitet hat und davon die Rentenbeiträge bezahlt hat, dass dies nach 45 Arbeitsjahren der Beginn der Rente auf insgesamt 45 Punkte fällt. Ein Faktor, der unverzichtbar für die Formel ist, um Ihre Rente zu berechnen. Als **Zugangsfaktor** werden die Zuschläge oder die Abschläge auf die Rente

bezeichnet. Als Abschläge sind Beträge definiert, die Sie noch vor dem Erreichen des normalen Renteneintrittsalters bekommen. Bekommen Sie weder Zuschläge noch Abschläge, steht der Faktor bei 1,0. Der Faktor selbst wirkt sich allerdings nicht auf die Rentenhöhe aus. Unter dem Begriff **Rentenwert** fällt das Verständnis auf den Begriff Euro-Betrag. Hierbei wird festgelegt, wie viel Geld je Entgeltpunkt eingezahlt wird. Dabei ist immer eine kleine Differenz zwischen Ost,- und Westdeutschland vorhanden. Beim **Rentenartfakor** wird festgelegt, um welche Art von Rente es sich handelt. Ob dies nun eine gewöhnliche Altersrente ist, oder eine Witwenrente oder Ähnliches, wird dabei festgehalten. Bleibt die gewöhnliche Altersrente existent, erhalten Sie den Zugangsfaktor 1,0 zur Berechnung.

In der zweiten Phase müssen Sie akzeptieren, dass der Ruhestand bei einer vorzeitigen Rente sich finanziell auf Sie auswirkt. Was Sie dazu zwingt, sich ein Bild zu machen, wie teuer die vorzeitige Rente wirklich ist. Denn eine kürzere Versicherungszeit lässt die Rente absenken. Zudem müssen Sie damit rechnen, dass dauerhafte Abschläge abzüglich sind. Abzüge, die jährlich gemacht werden und praktisch die Jahre betreffen, die als Differenz zwischen dem Jahr des offiziell normalen Renteneintritts und dem vorzeitigen Eintritt berechnet und abgezogen wird. Alternativ können Sie sich überlegen, ob Sie nicht einfach weiterarbeiten oder schlichtweg in Altersteilzeit gehen und damit langsam, aber sicher in den Ruhestand rutschen. Meist ist dies in Gewerkschaften geregelt, die Ihnen dies ab einem bestimmten Alter anbieten.

Vorsicht
Sind Sie längere Zeit krank, beziehen Sie lieber Krankengeld. Dieser Betrag ist weit höher, als die Rentenbeiträge, die Sie in diesem Zeitraum erhalten. Zudem sollten Sie sich die Rente lieber für später aufheben. Statt diese zu beziehen, solange noch andere Methoden für Sie offen stehen.

Doch was haben Sie davon, ein längeres Arbeitsleben zu leben? Sie müssen sich die Frage stellen, ob Sie wirklich über das normale Rentenalter arbeiten wollen, geschweige denn können. Denn sind Sie weiterhin auf dem Arbeitsmarkt verfügbar, müssen Sie sich weiterhin den Regeln der Arbeitgeber unterwerfen. Hierbei können leider auch schlechtere Arbeitsbedingungen für Sie entstehen. Zudem wirkt das längere Arbeiten Ihrerseits über das reguläre Rentenalter hinaus auch seelischen Druck auf die jüngeren Generationen aus. Denn diese haben sofort den Eindruck, dass es bald keine Rente mehr gibt und werden dementsprechend demotiviert. Auch wenn dies Ihre spätere Rente erhöhen wird, ist es wichtig, gut zu wählen, ob Sie das wirklich so wollen. Vielleicht ist es besser, sich den Stress nicht weiterhin anzutun und lieber einen angenehmen Ruhestand zu leben. Sie können ja als Ausgleich kleine Minijobs machen und/oder sozial ein wenig tätig werden. Wovon Sie womöglich mehr profitieren könnten, wenn Sie zu den Menschen gehören, die nicht gerne herumsitzen.

Eine ganz wichtige Frage ist vor allem für Frauen, ob es für **Kindererziehung** Rente gibt. Hierauf kann unter bestimmten Umständen mit "Ja" geantwortet werden. Vor allem Kinder, die vor 1992 geboren wurden, können je Kind für bis zu zwei Jahre und sechs Monate zur Kindererziehungszeit zugezählt werden. Diese steigt sogar für Kinder, die danach geboren wurden, auf drei Jahre. Hierbei einfach die Rechnung je Kind mit etwa 30 Euro Rente je Monat einberechnen.

Achtung
Sie können, egal welches Geburtsjahr Ihr Nachwuchs hat, Zeiten zur Berücksichtigung der Kinder gutgeschrieben bekommen. Spannend ist dies in dem Sinne, dass genau diese Zeitspannen den Versicherungsjahren angerechnet werden und sie sind demnach in spezifischen Fällen sogar dazu fähig, Ihren Rentenanspruch höher zu gestalten. Ein kleines Defizit ist es jedoch, dass dies nur einem Elternteil zugutekommen kann und bei der Rentenversicherung diese Zeiten selbst beantragt werden müssen.

Wenn bei Ihnen nun die dritte Phase vor der Tür steht, sprich Ihr Rentenalter erreicht ist, sollten Sie umgehend die nächsten Schritte einleiten. Zunächst, um auf sich aufmerksam zu machen, müssen Sie einen Antrag bei der Rentenversicherung stellen, denn eine automatische Rentenzahlung erfolgt leider nicht. Mindestens drei Monate vor dem Ruhestandseintritt verlangt die Rentenkasse diesen Antrag. Wollten Sie die Rente mit freiwilligen Beiträgen erhöhen, haben Sie die freie Wahl, ob Sie dies monatlich oder jährlich tun wollen. Informieren Sie sich am besten beim VDK, dem Bauernverband oder der Rentenkasse selbst über den aktuellen Betrag.

Tun Sie dies so bald wie möglich, wenn Sie dies einige Jahre vorher tun, am besten in Ihrer Jugend, haben Sie mit dem Eintritt in den Ruhestand eine weit höhere Rente. Auch die Erhöhung der Rente durch Pflege ist möglich. Wenn Sie jemanden pflegen, dürfen Sie allerdings noch nicht das normale Renteneintrittsalter überschritten haben und der Pflegebedürftige muss mind. Pflegegrad 2 haben. Doch es geht auch anders. Wenn Sie auf eine Teilrente, ca. 1 % für die Zeit der Pflege, verzichten, haben Sie Anspruch auf ein Rentenplus für abgeleistete Pflegearbeit.

Ist die Pflegezeit vorbei, steht Ihrer Vollrente nichts mehr im Wege. Auch der Auszug ins Ausland ist eine Variante Ihren Lebensabend zu genießen. Dabei wird die Rente natürlich überwiesen. Dennoch kann es in speziellen Fällen zu Einschränkungen kommen. In jedem Fall müssten Sie sich selbst zuliebe ausreichend vorher mit der Rentenkasse besprechen. Dann können Sie böse finanzielle Überraschungen für Ihren Ruhestand vermeiden. Die Frage, die Sie vermutlich nicht so gerne hören, ist, was mit Ihrer Rente passiert, wenn Sie überraschend sterben. Natürlich erhalten Sie die Rente, bis Ihr Tod festgestellt wird. Danach erhalten Hinterbliebene unter speziellen Umständen Ihre Rente für einige Zeit. Vor allem Ehegatten und Kinder sind die Erbberechtigten. Die genauen Umstände sollten jedoch geklärt werden, bevor dieser Fall eintritt. In der vierten Phase wird geklärt was Sie tun können, wenn Ihre Rente nicht ausreicht. Oftmals haben vor allem Frauen das Problem, dass die Rente nicht reicht. Insbesondre deswegen, weil Frauen meist in Teilzeit arbeiten und leider auch schlechter bezahlt werden.

Nahezu ein Drittel des Gehalts eines Mannes fehlt den Frauen. Eine soziale Ungerechtigkeit, die sich auf das ganze finanzielle Leben einer Frau auswirkt. Der deutsche Sozialstaat hat einige Möglichkeiten, um eine finanzielle Auffrischung zu bieten. Eine der Varianten ist das Wohngeld. Dabei erhalten Sie einen Zuschuss zur Miete, oder auch Unterhaltskosten, sollten Sie ein Eigenheim besitzen. Insbesondere, wenn Sie mit einer kleinen Rente gesegnet sind und Ihnen das Geld nicht reichen wird. Die Prüfung auf einen Anspruch hängt dabei aber vom Wohnort, der Größe des Haushalts, aber auch von dem Haushaltseinkommen selbst ab. Prüfen Sie dies am besten rechtzeitig, da die Rentenkasse evtl. ziemlich lange braucht, um Anträge zu bearbeiten.

Für eine Grundsicherung im Alter können Sie auch den Sozialstaat um Hilfe bitten. Insbesondere Menschen, mit einem weitaus geringeren Einkommen bereits zur Zeit der Berufstätigkeit, sollten sich darum kümmern. Auch gibt es Ermäßigungen bei vielen Dingen, wie der Bahn-Card, Tickets in Museen, bei Versicherungen und Vielem mehr. Schauen Sie sich nur um, dann werden Sie sehen, wo Sie als Senior(in) diverse Vergünstigungen oder Sondertarife bekommen. Dies erleichtert vor allem bei einer kleinen Rente den Alltag und die freizeitlichen Aktivitäten.

Tipp für die Rente

Achten Sie darauf, stets eine lückenlose Einzahlung in die Rentenkasse vorweisen zu können, denn die Rentenkasse nimmt es sehr genau. Sie braucht zudem sehr lange um Lücken in der Einzahlung anzuerkennen. Bedenken Sie bitte auch, dass jeder Rentenfall individuell ist und auch, wenn Sie selbst in der Lage sind, diese stimmig auszurechnen, lassen Sie stets einen Experten darüber sehen. Am besten gehen Sie zum VDK oder zum Bauernverband oder ähnlichen Institutionen, die Ihnen für einen kleinen Geldbetrag, z. B. VDK monatlich 6 Euro, in allen Fragen behilflich sein werden. Selbstverständlich helfen Ihnen diese Institutionen stets in allen anderen organisatorischen Angelegenheiten, z.B. beim Harz-IV-Aufstockungsantrag, um durch Sozialhilfe Ihr Existenzminimum zu erreichen, falls dies notwendig wird.

Kapitel 2: Der schwere Übergang in den Ruhestand

Nach dieser eher trockenen Materie muss nun eine Frage geklärt werden, die Ihnen mit Sicherheit die größten Probleme bereiten wird. Nämlich, wie Sie den Übergang in den Ruhestand gut überstehen. Und zwar ohne, dass Sie lästige Unsicherheiten, Nervosität, Langeweile oder die Angst zu nichts mehr zu gebrauchen sein, durchleben müssen. Denken Sie doch mal darüber nach, wie Sie reagieren würden, wenn Ihnen von heute auf morgen Ihre Arbeit weggenommen werden würde. Um das herauszufinden ist es vielleicht sinnvoll einen Test zu machen. Dieser Test umfasst nur wenige Fragen, doch das Testergebnis wird Ihnen aufschlussreiche Antworten geben. Anschließend werden Sie Tipps zu lesen bekommen, wie Sie sich Ihren Lebensabend besonders gestalten könnten.

Dieser Test zeigt Ihnen mit einem einfachen Punktesystem, welches im Anschluss erklärt wird, wie gut Sie den Übergang in den Ruhestand meistern. Beantworten Sie die Fragen für sich selbst. Tun Sie sich selbst etwas Gutes und prüfen Sie, ohne zu spicken. Machen Sie den Test unvoreingenommen. Schauen Sie sich im Anschluss die einzelnen Punktzahlen je Antwort an und zählen Sie sie zusammen. Es gibt zusätzlich drei kurze Erläuterungen zu den Ergebnissen, die Sie auf Ihr Ergebnis beziehen können.

Frage 1:

Sie sind Zuhause und hören den Lärm von Handwerkern vor Ihrer Haustür. Die Straße musste aufgerissen werden, weil ein Rohrbruch dort festgestellt wurde. Auch wenn Sie wissen, dass die Reparatur der Rohre wichtig ist, wie reagieren Sie darauf, arbeitende Menschen und die Geräusche der Arbeit zu hören?

Antwortmöglichkeiten:

a) Sie zucken nur mit den Schultern und machen weiter wie bisher.

b) Sie werden nervös, tigern durch die Wohnung, während Sie aus dem Fenster sehen und sich wünschen, Sie könnten auch etwas tun.

c) Sie sind total genervt und wollen einfach nur Ihre Ruhe haben. Obwohl Sie wissen, dass solche Dinge notwendig sind und diese Menschen nur die Infrastruktur am Laufen halten.

Frage 2:

Es ist sechs Uhr morgens und der Wecker klingelt. Genervt drehen Sie sich zu dem lästigen Objekt. Was tun Sie?

Antwortmöglichkeiten:

a) Nervös wälzen Sie sich herum und stieren den klingelnden Gegenstand sehnsüchtig an. Für einen Moment hängen Sie gedanklich in Ihrem alten Tagesmuster fest.

b) Müde schalten Sie den Wecker einfach aus, drehen sich wieder um und schlafen weiter.

c) Völlig entnervt knallen Sie mit der Hand auf den Aus-Knopf und entnehmen die Batterien. Oder Sie verfrachten den Krachmacher in die Schublade Ihres Nachtkästchens. Danach versuchen Sie weiterzuschlafen.

Frage 3:

Sie sind im Zug. Der Zug ist ziemlich voll und Sie haben einen Platz an der Tür, müssen aber ständig die Füße anziehen. Lächelnd nehmen Sie dies hin. Bis ein Geschäftsmann an Ihnen vorbei möchte. Er ist gestresst und faucht Sie wütend an, dass Sie aus dem Weg gehen sollen. Er schnauzt Sie an, dass Sie ein fauler Arbeitsloser sind. Wie reagieren Sie?

Antwortmöglichkeiten:

d) Sie zucken nur mit den Schultern und denken sich nichts dabei. Wortlos lassen Sie den Mann vorbeigehen.

e) Bedächtig und zustimmend nicken Sie. Sie denken, dass der Ruhestand irgendwo nur eine Ausrede ist, um der Gesellschaft auf der Tasche zu liegen.
f) Es ist Ihnen völlig peinlich und Sie senken beschämt den Kopf. Sagen aber nichts.

Frage 4:
Sie sind auf einem Termin in der Nähe der Schule und können sehen, wie die Kinder und Jugendlichen nach dem Pausengong aus der Schule stürmen. Was empfinden Sie dabei?

Antwortmöglichkeiten:
g) Sie fangen an zu zittern und wischen sich unbewusst ein paar Schweißtropfen von der Stirn, während Sie die Situation beobachten.
h) Sie bekommen großen Appetit und packen den Döner aus, den Sie sich auf dem Weg gekauft haben, während Ihnen das Wasser im Mund zusammenläuft.
i) Sie atmen tief durch, lächeln und genießen erst einmal eine gute Tasse Kaffee.

Frage 5:
An Ihrer Haustür klingelt es. Durch die Kamera an der Tür sehen Sie, wie ein Berater für Versicherungen vor Ihrer Tür steht. Er hat einen großen Aktenkoffer in der Hand.

Antwortmöglichkeiten:
j) Sie denken sich „Warum nicht?“ und entscheiden sich dazu, sich anzuhören was er zu erzählen hat.
k) Sie hören sich zwar anfänglich an, was er zu sagen hat, sagen ihm aber freundlich, dass Sie keinerlei Interesse an seinen Produkten und Dienstleistungen haben.
l) Sie tun so, als wären Sie nicht Zuhause und warten, bis er weg ist.

Frage 6:

Sie sind an einem schönen heißen Sommertag im Biergarten. Dort treffen Sie ein paar ehemalige Kollegen, welche noch nicht in den Ruhestand gehen konnten. Eifersüchtige Blicke treffen Sie, als sich Ihre Blicke und die Blicke der anderen treffen. Was tun Sie?

Antwortmöglichkeiten:

m) Lächelnd gehen Sie auf die Meute zu und fragen, ob sie Lust auf ein kleines Spiel mit Ihnen haben.

n) Sie fragen Sie, ob sie nicht Lust haben mit Ihnen ein Bier zu trinken. Insgeheim hoffen Sie, dass Ihre Kollegen sich endlich bald beruhigen und aufhören, Sie neidisch anzustarren.

o) Sie denken sich nichts dabei und genießen Ihr Bier weiterhin allein, während Sie die Blicke ignorieren.

Frage 7:

Ihre Nachbarin klingelt an Ihrer Tür und bittet Sie um einen Gefallen. Sie braucht jemanden, der ihr hilft, einen Sack Erde in den Garten zu tragen und auszuschütten. Sie ist eine Afghanin und spricht etwas gebrochen. Helfen Sie Ihr?

Antwortmöglichkeiten:

p) Sofort greifen Sie nach Ihrem Schlüssel und folgen Ihr. Sie sind nicht nur ein Kavalier, sondern wollen sich auch weiterhin nützlich machen.

q) Sie signalisieren ihr, dass Sie ihr gebrochenes Deutsch kaum verstehen und reagieren genervt, indem Sie vor ihrer Nase die Tür schließen.

r) Allein der Gedanke an Arbeit lässt Sie schon negativ erzittern und Sie tun so, als hätten Sie Bauchschmerzen.

Frage 8:

Sie haben einen Termin und müssen mit dem Bus fahren, weil Ihr Auto in der Werkstatt ist. Es ist so voll, dass Sie nicht einmal einen Sitzplatz bekommen und sich in eine Ecke neben der Tür, neben einen dicken, schwitzenden Mann quetschen müssen.

Antwortmöglichkeiten:

s) Sie werden unweigerlich mit Ihrem ehemaligen stressigen Alltag konfrontiert und wünschen sich, endlich anzukommen.

t) Wehmütig kommt Ihnen der kurze Gedanke an Ihre ehemalige Arbeit, die Ihnen sehr viel Spaß gemacht hatte. Sie versuchen aber, diesen Gedanken beiseite zu schieben.

u) Entspannt zucken Sie nur mit den Schultern. Sie denken sich, dass es sowieso nur zwei Stationen sind und Sie das schon überleben werden.

Auswertung und Übersicht der Punkte:

Nun ist es an der Zeit, die Punkteverteilung zu verstehen. Es gelten drei Punkte je Frage für eine positive Reaktion, zwei Punkte je Frage für die Übergangsphase und ein Punkt je Frage steht für eine negative Reaktion.

1 a) = 3 Punkte; 1 b) = 1 Punkt; 1 c) = 2 Punkte
2 a) = 1 Punkt; 2 b) = 3 Punkte; 2 c) = 2 Punkte
3 a) = 3 Punkte; 3 b) = 1 Punkt; 3 c) = 2 Punkte
4 a) = 1 Punkt; 4 b) = 2 Punkte; 4 c) = 3 Punkte
5 a) = 3 Punkte; 5 b) = 2 Punkte; 5 c) = 1 Punkt
6 a) = 1 Punkt; 6 b) = 3 Punkte; 6 c) = 2 Punkte
7 a) = 3 Punkte; 7 b) = 2 Punkte; 7 c) = 1 Punkt
8 a) = 1 Punkt; 8 b) = 2 Punkte; 8 c) = 3 Punkte

Zusammenfassend kann folgendes betrachtet werden:

Testergebnis positiv: 24 Punkte

Sie kommen sehr gut mit dem Ruhestand zurecht und haben sich sehr gut darauf vorbereitet. So schnell lassen Sie sich nicht aus der Ruhe bringen. Selbst der lästige Berufsverkehr kann Ihnen Ihren Ruhestand nicht vermiesen. Machen Sie weiter so. Sie sind auf dem richtigen Weg.

Testergebnis Übergangsphase: 16 Punkte

Noch sind Sie nicht ganz bereit für den Ruhestand. Sie brauchen noch Zeit und müssen zusätzlich noch ein paar Vorbereitungen dafür nachholen. Machen Sie sich keine Sorgen über Ihren Ruhestand. Überlegen Sie, was Ihnen noch fehlt und holen Sie es baldmöglichst nach. Sie werden sehen, dass es sich bald gut anfühlen wird, Ruhe vor dem Arbeitsleben zu haben. Oder sind Sie doch mehr der Typ, um bis an Ihr Lebensende zu arbeiten?

Testergebnis Negativ: 8 Punkte

Fallen Sie unter dieses Ergebnis, haben Sie sich entweder gar nicht oder nur sehr schlecht auf Ihren Ruhestand vorbereitet. Eine falsche Vorbereitung oder eine einseitige Vorbereitung kann auch die Ursache sein. Vielleicht haben Sie sich nur um die finanziellen Mittel gekümmert und den Rest vollkommen vernachlässigt? Menschen, die gerade aus der Arbeitswelt raustreten, haben stets das Gefühl, dass sie noch zu etwas gut sein müssen und machen sich dementsprechend Vorwürfe für die Gesellschaft nicht mehr tauglich zu sein. Arbeiten Sie weiter an den Vorbereitungen, es ist nie zu spät sich ein glückliches Leben aufzubauen.

Kapitel 3: Die Kunst zu entspannen

Die Kunst zu entspannen muss gelernt werden. Die Jugend ist oft wild und stets von neuen Lehren und Erfahrungen geprägt. Mit dem Alter wächst dann die Erfahrung und oftmals wird man ruhiger und besonnener. Auch das Arbeitsleben ist extrem stressig und wird auch immer stressiger. Deswegen ist der Umschwung in ein ruhiges Ruhestandsleben auch so schwer. Die Finanzen zu klären ist ein trockenes und für die meisten ein langweiliges Thema. Diese organisatorischen Schritte reichen jedoch nicht aus, wie Sie vielleicht schon aus dem oben gezeigten Test herausgelesen haben.

Neue Lebensinhalte sind stets eine Herausforderung und sollten immer an den eigenen Interessen festgemacht werden. Sie wissen es ja selbst. Wenn Sie etwas gerne tun, dann empfinden Sie Freude. Nehmen wir z. B. jemanden, der sich einer sehr anspruchsvollen Tätigkeit widmet, von der jeder sagt, dass es eigentlich keine Entspannung sein kann. Wie wäre es mit Schreiben? Für manche ist es einfach schwierig zu verstehen, dass Menschen Entspannung an einer anspruchsvollen Tätigkeit finden. Menschen, die dem ewigen Arbeitsstress ausgesetzt sind, setzen ihre Gesundheit aufs Spiel. Allein der Gedanke an einen angenehmen Ruhestand dürfte Ihnen damit genug Durchsetzungsvermögen geben, um sich dafür zu bemühen. Doch wie entspannen? Entspannen ist ein Wort, eine Tätigkeit, die immer schwerer umzusetzen ist in dieser Zeit. Doch allein schon kleine Aktivitäten helfen bereits, die nötige Entspannung zu finden.

Gelegentliche Ortswechsel

Ein Ortswechsel tut jedem gut. Nicht umsonst lieben viele Menschen das Reisen. Stets waren die Menschen auf Reisen, entweder auf Nahrungssuche oder auf Heimatsuche oder sie waren einfach nur aufgrund ihrer Neugierde unterwegs. Wer zumindest gelegentlich verreist, sei es nur ein Ausflug in eine andere Stadt, sieht nicht nur mehr von der Welt, sondern hat auch dementsprechend mehr Abwechslung und Austausch. Gönnen Sie sich ruhig, auch in Ihrer Jugend, Ausflüge und Urlaubsreisen. Denn Reisen macht nicht nur glücklich, sondern bildet auch.

Nutzen Sie die Elemente

Vielleicht stellen Sie sich hier die Frage, was die Elemente mit Entspannung zu tun haben. Schon zur Seefahrerzeit waren unzählige Männer unterwegs auf dem Meer. Betrachtet man die Eigenschaften der Elemente:

Wasser ist sanft, mächtig und lässt den Geist frei schweifen. Nicht nur als Übergang in neue Abenteuer ist das Meer wichtig. Allein der Anblick auf einem Schiff zu stehen und die scheinbar unendlichen Weiten des Meeres auf sich wirken zu lassen, hat eine extrem beruhigende Wirkung auf die menschliche Seele. Aber auch schon das Baden, Schwimmen oder das einfache Waschen, kann eine ähnliche Wirkung auf die menschliche Psyche auswirken. Viele Menschen spritzen sich gerne Wasser ins Gesicht und fühlen sich danach wesentlich wohler. Außerdem ist für viele Menschen das Hören von Meeresrauschen pure Entspannung.

Feuer, das wilde Element. Aus Vulkanen sprühendes und explodierendes Magma, heiße Geysire, oder einfach das glühende Licht der Wüstensonne, sind Beispiele der Macht des Feuers. Feuer liefert Wärme, kann aber auch zerstören. Der schmale Grat im Umgang mit dem Feuer ist in seiner Urform manchmal schwer einzuschätzen. Als Beispiel betrachten Sie bitte die Waldbrände in hauptsächlich trockenen Gebieten, die von unterschätzten Lagerfeuern kommen. Für die Entspannung ist Feuer in dem Sinne sehr gut, weil es nicht nur Wärme liefert, sondern auch das Knistern des Feuers extrem beruhigend wirkt. Viele Entspannungsorte arbeiten mit den Eigenschaften der Elemente. Waren Sie schon einmal in einem Urlaubsgebiet mit Hütte und Feuerstelle? Besitzen Sie selbst einen Ofen, wissen Sie dies bereits zu schätzen.

Erde ist eher standhaft. Sie strahlt Ruhe und Kraft aus. Mutter Erde bewegt weite Landmassen und baut dafür mit die Basis des Lebens auf der

Erde. Fruchtbare Vulkanerde nährt ganze Länder und gleichsam ist die Erde einer der größten Bewahrer der Geheimnisse der Erde. Auch in der Körperpflege werden spezielle Erden verwendet, um natürlich zu reinigen und gleichzeitig zu heilen. Der Besuch in eine naturbelassene Gegend bringt viel Entspannung mit sich. Denn Erde ist stets mit Pflanzen verbunden. Und Pflanzen wirken, unabhängig von ihrer Essbarkeit oder ihrer Heilkraft, allein durch das Vorhandensein sehr positiv auf die menschliche Seele.

Luft ist praktisch das Element der Freiheit. Stets hat der Mensch Vögel beneidet, um ihre Fähigkeit zu fliegen. Nun fliegt er selbst und für viele Menschen sind diverse Sportarten wie Hängegleiten, Ballonfliegen, etc. eine besondere Art der Entspannung. Wenn Sie schon einmal mit einem Ballon geflogen sind, werden Sie wissen, wie unglaublich befreit Sie sich gefühlt haben und wie die Sorgen und Ärgernisse, kaum haben Sie den Boden berührt, wieder zurückkehren. Regelmäßige Ausflüge in die Natur sind Balsam für die Seele. Dabei muss es nicht gleich ein Segelausflug sein. Es reicht aus, wenn Sie einen Spaziergang über eine Wiese machen und barfuß das weiche Gras genießen.

Tipp
Nutzen Sie die Naturgeräusche auch Zuhause. Nicht nur zum Einschlafen, sondern auch, um sich nach einem harten Alltag zu entspannen oder um einfach auf andere Gedanken zu kommen.

Gesundheit und Entspannung

Beides ist von großer Bedeutung und sichtbar eng miteinander verwoben. Wenn Sie Urlaub machen, sollten Sie aber definitiv nicht das Wort „Arbeit“ benutzen, da allein das Auftauchen dieses Wortes meistens Ihre Ruhe und Entspannung stören wird. Direkt kann diese grobe Denkweise am Anfang der Übergangsphase verwendet werden. Schalten Sie einfach ab, finden Sie Ihre Balance. Unterstreichen Sie dies mit Ihren Interessen und machen Sie Sport. Obgleich es sich dabei um Schwimmen im Pool oder um andere, fordernde Sportarten handelt.

Kapitel 4: Fordern Sie Ihr Gehirn

Ihr Gehirn ist die Zentrale Ihres Körpers. Erschreckende Zahlen zeigen wachsende Demenzfälle im Alter auf. Menschen verkommen zu vergesslichen Pflegefällen, die sich teilweise nicht einmal an die Gesichter ihrer eigenen Kinder erinnern können. Tagtäglich ist es notwendig, Ihr Gehirn zu trainieren. Nutzen Sie dabei nicht nur Bücher, Rätsel und mathematische Aufgaben. Die Reaktion der Evolution, dass etwas, was nicht mehr benötigt wird, langsam abgebaut wird, ist auch auf das menschliche Gehirn anwendbar. Je weniger Sie Ihre Denkleistung nutzen, desto schneller werden Sie altersbedingten Krankheiten zum Opfer fallen können. Hier finden Sie ein paar Tipps, wie Sie dies unterbinden können:

Neue Lerninhalte

Früh haben Sie es gelernt, das Sprichwort: „Was Hänschen nicht lernt, lernt Hans nimmermehr." Doch wissenschaftlich bewiesen ist, dass durch Lernen Synapsen Verbindungen eingehen und das Gehirn weiterwächst. Deswegen sind neue Lerninhalte stets eine gute Idee und sollten auch bis ins hohe Alter praktiziert werden.

Lesen und Schreiben

Es gibt nichts Einfacheres, als ein Buch zu lesen. Zu **lesen** entspannt nicht nur, sondern fordert auch Ihre Intelligenz. Sie bauen automatisch eine höhere Verbindung von Synapsen in Ihrem Gehirn auf, was nachweislich zur Verhinderung von Demenz und Co. führt. Zur Entspannung eignet sich dazu ein Roman oder diverse Kurzgeschichten. Sind Sie eher an wissenschaftlichen Arbeiten und Lehrinhalten interessiert, sind vor allem Sachbücher und wissenschaftliche Arbeiten von Interesse. Haben Sie es sich beispielsweise zum Ziel gemacht, einmal Ihre eigenen Zeilen zu Papier zu bringen, tun Sie es. Lesen und Schreiben in der Kombination ist besonders lernintensiv für Ihr Gehirn. Lesenlernen, oder es einfach nur zu üben, verändert sowohl die Areale der Großhirnrinde als auch den Hirnstamm und den Thalamus, welche eher evolutionäre, ältere Hirnstrukturen sind. Zu Lesen bedeutet dabei nicht nur, die eigene Fantasie anzustrengen.

Es ist ein stetig begleitender Effekt, dass diese für unser Denkorgan extrem fordernde Kulturfähigkeit, eine funktionelle Umstrukturierung verursacht. Hierbei sollen Hirnareale, welche normalerweise für die Erkennung von komplexen Objekten gebraucht werden, benutzt werden, um sowohl Sprache als auch Buchstaben zu erkennen und zu verstehen. Wodurch die Sinne zusätzlich gefordert werden. Das Sprach,- und Sehsystem nimmt dabei eine einschneidende Stelle im visuellen System ein. Durch Lesen steigt der Wissenszuwachs erstaunlich schnell und hoch an. Selbst das Gehirn eines Erwachsenen ist noch immer in der Lage, Verknüpfungen zu bilden und weiter zu wachsen. Denn durch das Lesen wird eine ungeahnte Umstrukturierung des menschlichen Gehirns vollzogen, ein Vorgang, der sogar sehr tief in die evolutionären Hirnregionen des menschlichen Denkens hineinreicht. Nun fügen Sie noch das **Schreiben** hinzu.

Damit werden die Fähigkeiten praktisch verstärkt. Sie werden sowohl kreativere als auch mehr motorische Fähigkeiten entwickeln. Das Bild, welches Sie vielleicht über einen Roman im Kopf haben, wird sich dadurch noch intensiver in Ihrem Kopf verankern. Dabei ist für Menschen der Spaß am Schreiben die Tatsache, dass die Fantasie viel größer und stärker ist als bei jemandem, der gar nicht gern liest oder gar niemals liest. Außerdem werden Sie aufmerksamer auf Kleinigkeiten. Das bedeutet nicht, dass Sie dadurch kleinkariert oder ähnliches werden. Es bedeutet, dass Ihnen vermehrt Feinheiten auffallen, Feinheiten, die Ihnen ohne das Üben von Lesen und Schreiben vielleicht niemals auffallen würden. Zudem wird durch die Anwendung von Grammatik und dem Überlegen, welche Wortwahl nun in den Satz passen würde, stark gefördert. Etwas, was Sie gebildeter macht und in der Kommunikation standhafter und überzeugender macht. Sowohl in der zwischenmenschlichen als auch in der alltäglichen Kommunikation.

Rätsel lösen

Haben Sie schon einmal Sudoku gespielt? Dann wissen Sie, dass dieses nette Rätselspiel, eine kluge Zusammenstellung von Zahlen, das Gehirn sehr stark fordert. Rätsel haben eine äußerst bildende Funktion. Dies kommt daher, dass das Gehirn teilweise überkreuzt und über drei Ecken denken muss, um überhaupt teilweise im Ansatz eine Lösung für das Rätsel zu finden. Menschen, die gerne Rätsel lösen, sind sehr gut im Umdenken und darin z. B. in schwierigen Fällen auf Kleinigkeiten aufmerksam zu werden und diese zu kombinieren. Denn Rätsel zu lösen, seien es Rätsel, die in einem Roman eingebaut wurden, oder welche, die als Klassiker in einem Buch vermarktet werden, macht auch die Sinne feiner. Ein kleines Rätsel am Tag ist daher nicht nur eine Aufgabe, die Ihnen den Tag versüßt und für Sie evtl. ein kleines Abenteuer darstellt, sondern auch sehr gesund für Ihr Gehirn ist.

Mathematik, Naturwissenschaften und Co.

Wie oben bereits aufgeführt, sind die Fähigkeiten Lesen und Schreiben als Grundfunktion, extrem bildend und gesundheitsfördernd. Der nächste Faktor ist **Mathematik**, aber auch **Naturwissenschaften**, etc. Viele Schüler mögen weder Mathematik noch Naturwissenschaften. Doch durch das stetige Lernen wächst das Gehirn zu Höchstleistungen heran. Betrachten Sie bitte Kinder beim Lernen: Wie lernen die Kleinsten der Kleinen? Sie spielen, hören zu und machen nach. Das kindliche Gehirn ist das perfekte Gehirn, um zu lernen. An den Kindern können auch Erwachsene sich ein Beispiel nehmen. Mathematische Formeln müssen nicht schwierig sein. Insbesondere, um fit zu bleiben und durch das Leben zu kommen, reichen die Grundfähigkeiten aus. Selbstverständlich können Sie sich gerne in wissenschaftliche Gefilde begeben. Diese sind äußerst spannend und faszinierend. Allein das Ausrechnen der Relativitätstheorie von Albert Einstein war ein jahrelanger Prozess, der heute nicht nur die Basis der Weltraumforschung, mit der Welt des Kleinsten, der Quantenmechanik, verbunden, darstellt. Wenn Sie Spaß daran haben, sich selbst wissenschaftlich zu bilden, dann tun Sie es. Vielleicht ist ein Dozentenjob auf einige Stunden in der Woche genau das Richtige für Sie neben dem Ruhestand.

Sprachen lernen

Wenn Sie gerne schreiben und/oder verreisen, werden Sie gemerkt haben, dass es sich lohnt, Sprachen zu lernen. Sprachen lernen verändert das Gehirn. Lernt ein Kind früh zwei Sprachen, laufen im Gehirn des Kindes ähnliche Prozesse ab, welche während des Lernens der Muttersprache passieren. In erster Linie schauen Kinder auf die Mimik und Gestik. Dabei wird versucht diverse Dinge zu verstehen. Z. B. die Form eines Gegenstandes, etc. Hat ein Kind dann den Basiswortschatz ausgebildet, kommen Grammatik, Satzstrukturen und sprachliche Besonderheiten dazu. Je mehr Grammatik in das Sprachenlernen hineinkommt, desto mehr wird das Broca-Areal beansprucht. Dies ist eine weitere Region im Gehirn, welche notwendig ist, für diverse Lernprozesse.

Zweisprachig aufwachsende Kinder lernen praktisch gleichzeitig zwei Sprachen. Somit machen sie den gleichen, äußerst effektiven Lernprozess für zwei Sprachen durch und beherrschen dadurch die Sprachen wie Muttersprachler. Hierbei meistern die Kinder eine intellektuelle Höchstleistung und meistern auch die klare Trennung beider Sprachen. Besser ist es jedoch für diese Kinder, wenn mit jeweils einem Elternteil die jeweilige Muttersprache gesprochen wird. Die Tatsache, dass mehrsprachige Kinder stark gefördert sind, ist ein Anreiz für Sie, sich auch mit Sprachen zu beschäftigen, um Ihr Gehirn weiter zu fördern. Sprechen Sie zwei oder mehrere Sprachen, so wählt Ihr Gehirn immer die richtige Sprache und deren passende Grammatik aus. Dabei werden falsche Informationen vom Gehirn automatisch, wie bei einer Alarmanlage, ausgeklammert. Speziell ältere Menschen haben den immensen Vorteil, dass der bilinguale Lernprozess die Demenzerkrankungen nachweislich um mindestens vier bis fünf Jahre hinauszögert. Damit gibt es keinen Grund für Sie, Ihr Sprachtraining hinauszuzögern. Trainieren Sie die Sprachen, indem Sie auf Reisen gehen, denn Sprachen lernt man am besten mit sozialen Kontakten.

Spiele

Mögen Sie Spiele? Dann sind Sie auf dem richtigen Weg. Denn Spielen fördert das Gehirn auf eine sehr effektive Art und Weise. Dabei haben Forscher herausgefunden, dass Computerspielen die kognitiven Fähigkeiten intensiv anwachsen lässt. Dadurch lernen Sie besser und schneller zu denken, Strategien aufzubauen, zu durchdenken und durchzuführen. Lernen Sie wie Kinder beim Spielen. Denn Kinder beginnen mit dem Lernprozess, indem sie spielen. Dieses Grundbedürfnis steckt auch noch im Erwachsenen, auch wenn es mit dem steigenden Altem immer wieder unterdrückt wurde, weil es als meist als kindisch angesehen wird. Wenn Sie vielleicht Kinder haben, werden Sie wissen, wie wichtig der Spieltrieb für die intellektuelle Entwicklung und die soziale Entwicklung des Menschen ist.

Dabei werden Fähigkeiten wie Kreativität, Selbstvertrauen, strategisches Denken, Gemeinschaftsgefühl, Verantwortungsbewusstsein und Verantwortungsbereitschaft, sowie Kommunikation, Empathie, Konfliktfähigkeit, Hilfsbereitschaft und regelkonformes Verhalten, sowie der Umgang mit enttäuschenden Erwartungen oder Misserfolgen ausgebildet. Fähigkeiten, die Sie auch noch im hohen Alter erlernen können. Durch spielerische Lernprozesse ist nicht nur Sport ein spannenderer Prozess. Auch der soziale Kontakt bei gemeinsamen Kartenspielen oder Spieleabenden ist ein wesentlicher Bestandteil in diesem Prozess. Die Konsole auszupacken und aktiv zu nutzen ist nicht nur eine großartige Freizeitbeschäftigung, sondern auch noch gut für Ihr Sozialleben. Letzteres ist entweder bei Online-Spielen oder beim Spielen mit Freunden besonders effektiv.

Sport

Sport ist gesund. Das wissen Sie, genauso wie jeder andere auch. Sich täglich zu bewegen ist nicht nur für Ihren Körper essenziell, sondern auch für Ihr soziales Leben. Sportliche Wettkämpfe werden von vielen Menschen im Fernsehen, live oder im Radio verfolgt. Menschen, die als Sportler tätig sind, haben einen hohen Beliebtheitsgrad. Betreiben Sie regelmäßig Sport wird Ihr Herz,- und Kreislaufsystem in Schwung gebracht, was Ihre Hirnleistung ansteigen lässt. Nun steht es Ihnen frei, zwischen unzähligen Sportarten zu wählen. Es gibt die Klassiker wie Schwimmen, Joggen, Krafttraining im Fitnessstudio, was für viele schon ausreicht, um fit zu bleiben. Doch Sie können auch härtere und abenteuerlustigere Sportarten machen. Vielleicht ist es spannend für Sie, Kanu-Fahren auszuprobieren oder Sie beginnen mit einer Kampfsportart. Vor allem für Frauen ist es sinnvoll, sich verteidigen zu können. Dafür sind z. B. Krav Maga oder Ähnliches geeignet. Was nicht nur fit hält, sondern auch ein großes Gefühl der Sicherheit mit hinterlässt.

Musik, Kunst, Malerei

Kunst, Musik und Malerei fördern die Kreativität. Etwas, was uns Menschen in der Kindheit gegeben wurde, jedoch im Laufe des Älterwerdens oft unterjocht wird. Dabei ist Kreativität ein Indiz für Intelligenz und Lebensfreude. Kinder, die früh ein Musikinstrument lernen und aktiv spielen, weisen einen höheren Intelligenzquotienten auf als andere Kinder. Dabei werden nahezu alle Gehirnareale genutzt und gefördert. Durch **Musizieren** wird Ihr Gehirn also voll gefordert und ist mitunter das beste Krafttraining für das menschliche Gehirn. Das Corpus callosum, ein äußerst wichtiger Bestandteil des Gehirns, wächst in jedem Alter beim Spielen eines Instruments. Diese Verbindung ist dann dafür verantwortlich, klügere und sicherere, aber auch die schnellere Verbindung der Synapsen. Diese positive Simulation wirkt sich auch auf den Alltag des Musizierenden aus. Das Musizieren nimmt praktisch damit eine bevorteilende Funktion des Lernprozesses ein, auch wenn diese Verbindungen selbstverständlich auch für alle andren geistigen Tätigkeiten Verwendung finden. Die Folgen sind sowohl ein besseres Gedächtnis, das schnellere Lernen von Sprachen, und ein Ausgleich einer evtl. existenten Lese,- und Schreibschwäche - sofern das Musizieren mit Spaß gemacht wird. Doch auch die Konzentration wird durch diese intellektuelle Forderung gestärkt. Aber auch **Kunst und Malerei** sind im selben Maße förderlich. Außerdem können Sie sich frei entfalten. Das Belegen eines Kunstkurses kann Ihnen große Vorteile einbringen.

Somit kann abschließend zu diesem Kapitel gesagt werden, dass das Sprichwort: „Was Hänschen nicht lernt, lernt Hans nimmermehr.“, eigentlich umgeändert werden kann. Nämlich so: „Was Hänschen nicht lernt, lernt Hans auch später noch.“

Kapitel 5: Die Frage nach dem eigenen Ich

Eine ganz wichtige Frage an sich selbst ist, wer man eigentlich ist. Was sehen Sie, wenn Sie in den Spiegel sehen? Ist es nur Ihr Gesicht, oder sehen Sie mehr von sich. Sehen Sie vielleicht jemanden, der viel arbeitet und dementsprechend erschöpft ist? Oder jemanden der zweifelt? Sie können die Emotionen anhand Ihres Blickes wahrnehmen. **Selbstreflexion** ist etwas, was jeder sich mindestens einmal im Leben durch den Kopf gehen lassen sollte. Die Frage nach der Begrifflichkeit selbst stellt klar, dass Selbstreflexion praktisch der Blick in den Spiegel ist, also das Zurückschauen oder die Sicht auf sich selbst. Wie Sie sich verhalten haben nimmt eine große Rolle dabei ein. Das was man tut wirkt sich stets auf andere und sich selbst aus. Positive Handlungen haben stets eine meist positive Folge, während die gegenteilige Handlung das Gegenteil auslöst.

Zwischenmenschliche Umgänge helfen vor allem bei der Konfliktvermeidung, wozu Sie natürlich spezielle Handlungen durchführen müssen. Selbstreflexion hängt sehr stark mit der Psychologie zusammen. In jeder Psychotherapie wird diese Frage gestellt und auch versucht, darauf eine Antwort zu finden. In diesem Zusammenhang ist die zwischenmenschliche Beziehung mit einzubinden. Je mehr die seelische Belastung Sie bedrückt, desto schwerer ist es für Sie, eine gesunde Selbstreflexion zu meistern. Ebenso hat Selbstreflexion eine direkte Auswirkung auf das Selbstbewusstsein. Biologisch gesehen nimmt Selbstreflexion den Platz im mentalen Prozess des Überdenkens ein. Aus der Philosophie heraus sind diverse Ideen die Basis des Verstandes, wobei sich all dies durch die eigenen Fähigkeiten ausdrückt. Je nach Situation einschätzen zu können, wie man handelt, zeugt praktisch von einer gesunden Einschätzung der eigenen Selbstreflexion. Selbstreflexion ist ein Baustein der Basis. Eine Basis, die die Weiterentwicklung sowohl über einen langen als auch über einen kurzen Zeitraum zur Aufgabe hat.

Im Vergleich zur **Selbsterkenntnis**, die über das eigene Ich Klarheit liefert, besteht bei der Selbstreflexion der Prozess der Selbstbeobachtung, sowie der der Selbstkritik. Damit ist das kritische Hinterfragen gemeint. Und die Beurteilung eigener Gedanken von geschehenden Handlungen, wodurch ein **Selbstbewusstsein** entsteht, welches sowohl individuell als auch groß genug ist. Um Ihr eigenes Selbstbewusstsein zu meistern, ist ein wichtiger Schritt die Selbsterkenntnis, verwoben mit dem Erlangen von Wissen. Dieser Aufbau von Wissen basiert sowohl auf diversen Realitäten, weiteren Möglichkeiten und psychischen Fähigkeiten.

Daraus resultiert dann die Selbstverwirklichung, die Ihnen im Alltag die Orientierung gibt, welche Sie sich eigentlich wünschen. Fakt ist, dass Selbsterkenntnis mit einem speziellen Grad an Objektivität von Selbstbeobachtung, inklusive des eigenen Selbstbildes auftritt. Womit sowohl eigene Werte, Kräfte, Eigenschaften und Dispositionen enthalten sind. Mit Selbsterkenntnis sind Dinge, wie die Basis von menschlichen Fähigkeiten in der Erkundung des eigenen Ichs enthalten. Um Menschen zu verstehen, muss man für ein soziales Zusammenleben, welches gut funktioniert, gleichsam Selbsterkenntnis und Selbsttäuschung, aber auch Selbstüberschätzung und Selbstunterschätzung verstehen. Zu Letzterem kann gesagt werden, dass Selbstüberschätzung und Selbstunterschätzung die Folge von Selbsterkenntnis und Selbstenttäuschung sind.

Um eigene Selbsterkenntnis und Selbstreflexion zu verstehen, können Sie diverse Mittel der Entspannung wahrnehmen, zum Beispiel Yoga, ruhige Orte, naturbelassene Orte oder einfach Meditation.

Das Schaffen der eigenen Zukunft ist etwas, was nur Sie selbst meistern können. Das was Sie werden und machen können ist zwar von anderen Menschen und Ihrem Umfeld beeinflussbar, doch Ihre eigenen Handlungen sind dennoch schwerwiegender. Im Folgenden begegnen Ihnen Fragen, die Ihre Selbstreflexion prüfen. Die angefügte Erläuterung ist mit Tipps behaftet, die Sie einfach und schnell im Alltag anwenden können. Diese eher allgemeinen Fragen sind sehr beliebt auf der psychologischen Basis. Bitte beantworten Sie die Fragen, bevor Sie die Erläuterung darunter lesen.

Frage 1: Was möchte ich eigentlich?

Diese eher allgemeine Frage basiert darauf, dass Sie sich erst einmal hinterfragen sollten, was Sie sich wirklich vorstellen für Ihr Leben. Nehmen Sie dazu bitte Ihren aktuellen Alltag unter die Lupe. Was tun Sie gegenwärtig? Arbeiten Sie zu viel? Wie viel Freizeit haben Sie? Haben Sie vielleicht ein Haus oder eine eigene Wohnung?

Das, was Sie möchten, kann Vieles sein. Alle Menschen wünschen sich nicht nur finanzielle Sicherheit, sondern möchten auch im Leben ein sicheres Zuhause haben. Beispielhaft dafür, ist der stets existente Wunsch nach einem eigenen Haus oder einer eigenen Wohnung. Die Gründe hierfür sind eigentlich einfach: im Alter müssen Sie dann keine Miete mehr bezahlen und können nicht mehr einfach so gekündigt werden. Außerdem fühlt es sich gut an, wenn man etwas hat und nicht ständig am Existenzminimum kratzen muss.

Doch bedenken Sie bitte auch, dass solche Wünsche für Ihre Lebensspanne sehr anstrengend sein können und mit vielerlei Verzicht verbunden sind. Oftmals lohnt sich aber kaum, solche Wünsche anzustreben, auch wenn der Wohnungsmarkt völlig überladen ist mit Wohnungssuchenden. Denn wenn Sie beispielsweise ein solches Bedürfnis haben, müssen Sie mindestens 25 Jahre Ihres Lebens hart arbeiten und dürfen es sich nicht leisten, Ihren Job zu verlieren. Zudem müssen Sie Eigenkapital mitbringen, etc. Bevor Sie sich materielle Dinge überlegen, die Sie gerne hätten, beleuchten Sie alles von allen Seiten. Die Vor- und Nachteile sind zwar stets vorhanden, doch sollten Sie logischerweise die wenigsten Nachteile auf sich laden. Doch noch wichtiger als materielle Dinge sind Freundschaften und Familie. Einsamkeit ist einer der schlimmsten Faktoren, da der Mensch seit der Evolution ein soziales Wesen ist. Nehmen Sie sich z. B. vor, öfter rauszugehen und neue Leute kennenzulernen.

Frage 2: Welche Dinge sind eigentlich notwendig, um mich glücklich zu machen?

Nachdem Sie sich die erste Frage gestellt haben und diese auch beantwortet haben, ist es sinnvoll, sich den Dingen zu widmen, die Sie für Ihr Glück brauchen. Nehmen Sie z. B. einmal an, jemand liebt Fastfood, möchte aber abnehmen und hat auch schon einige Krankheiten, die aus der ungesunden Menge an Essen, entstehen. Wie würden Sie sich entscheiden, diese zu ändern? Wären Sie bereit, zu einer Ernährungsberatung zu gehen, dort um Rat zu fragen und dann Stück für Stück zu beginnen, sich gesünder zu ernähren? Oder hegen Sie den Wunsch, mehr Menschen zu treffen und um die Welt zu reisen?

Dann macht es beispielsweise Sinn z. B. über Social Media Kontakte zu knüpfen, die Sprachen zu lernen und das Geld auf die Seite zu bringen. Doch bedenken Sie bitte, dass materielle Dinge nicht immer glücklich machen. Menschen, die viel Geld haben sind zwar sorgenfrei, oftmals jedoch fehlt ihnen etwas. Während Menschen, die meist wenig Geld zur Verfügung haben, zwar etwas besorgt sind, wie die finanziellen Mittel im nächsten Monat ausfallen, aber sehr oft mehr Wert auf soziale Bindungen legen. Dies hängt womöglich damit zusammen, dass der Mangel an finanziellen Mitteln und das gemeinsame Leid, sprich der Geldmangel, zusammenschweißt.

Deswegen sind meistens Menschengruppen mit ähnlichen Interessen und gleichen finanziellen Mitteln befreundet. Hätte einer von den Freunden viel Geld, würde dies womöglich zu Ungleichheiten und Neid führen. Die Ausnutzung des besser betuchten Freundes wäre unter Umständen unvermeidbar. Halten Sie bitte auch schriftlich fest, welche Dinge Sie benötigen, um glücklich zu werden.

Frage 3: Wie ernst nehme ich meine eigenen Leidenschaften?

Nun hinterfragen Sie bitte Ihre Einstellung Ihren Leidenschaften gegenüber. Wie stark stehen Sie hinter Ihren Leidenschaften? Welche Leidenschaften haben Sie? Mögen Sie beispielsweise künstlerische, handwerkliche oder ähnliche Tätigkeiten? Oder sind Sie eher der Sammler kurioser oder auch gewöhnlicher Dinge? Wenn Sie beispielsweise eine spannende Leidenschaft wie Musizieren haben, wie stark befolgen Sie Ihrem Wunsch dies zu tun?

Hierbei ist es ganz einfach, sollten Sie genug Willenskraft haben, um sich Ihren Traum zu erfüllen. Folgen Sie einfach Ihrem Gefühl, wann Sie es tun wollen. Ist allerdings der Fall eingetreten, dass Sie sich kaum aufraffen können, den ersten Schritt zu machen, eignet es sich sehr gut, kleine Verhaltensmuster ändern - und dies Tag für Tag. Wenn Sie z. B. mehr kochen wollen und sich gesünder ernähren möchten, beginnen Sie mit kleinen Dingen. Kaufen Sie vielleicht erst einmal Rohkost wie Möhren, Radieschen, Paprika und Co. Mittlerweile ist auch die Gesellschaft langsam auf dem Geschmack Wildpflanzen als Salatzubehör zu genießen. Wenn Sie dann die tägliche Angewohnheit haben, täglich etwas Gesundes zu sich zu nehmen, wagen Sie den nächsten Schritt.

Es gibt unzählige Rezepte, die in weniger als 20 Minuten zu schaffen sind und vom Schwierigkeitsgrad her sehr einfach sind. Kartoffeln und andere Gemüsesorten sind sehr leicht und schnell zuzubereiten und genauso vielseitig. Vielleicht probieren Sie eine leckere Gemüselasagne oder einen guten Auflauf. Grundlegend ist es stets vorteilhaft für Sie, Ihren Leidenschaften zu folgen. Die Mühe, die Sie auf sich nehmen, um diese Leidenschaften herauszufinden und diese auch länger auszuleben, lohnt sich in jedem Fall.

Frage 4: Welche Bedeutung hat Erfolg in meinem Leben?

Erfolg hat im modernen Gesellschaftsbereich einen hohen Stellenwert. Ein Blick auf Japan sagt schon viel aus. Die Überarbeitung und der traurige Verlust durch Überarbeitung, ist stets im japanischen Alltag existent. Dabei zählt vor allem der Erfolg schon in der Schule. Kinder und Jugendliche müssen immer gute Noten und Leistungen mit nach Hause bringen. Meist stellt sich das Kind durch das beispielhafte Vorleben des Vaters und der Mutter die hohe Anforderung, selbst so produktiv zu sein. Versagen ist dabei keine Option. Dieses Bild gilt auch für den Rest der Welt. Der Mensch sieht den Erfolg als einen essenziellen Bestandteil des eigenen Lebens.

Denn Erfolg hängt mit Geld zusammen und Geld ist essenziell für die Finanzierung von alltäglichen Dingen. Damit besteht seit

Menschengedenken der Kreislauf zwischen Menschen, Erfolg und Geld. Wichtig für Sie ist jedoch, gut zu überlegen welchen Stellenwert Ihnen Ihr eigener Erfolg im Leben hat. Stellen Sie sich bitte folgende Fragen: Wie hoch steht der Erfolg bei der Arbeit in Ihrem Interesse? Wie denken Sie über Erfolg in Kombination mit dem Ansehen der Gesellschaft? Und wie denken Sie, würde sich der berufliche Erfolg auf Ihr Privatleben auswirken, wenn Sie ihn verändern? Wenn Sie die Frage beantwortet haben, schreiben Sie bitte Ihre Gedanken auf. Danach stützen Sie sich bitte auf diese Gedanken und denken noch einmal darüber nach. Oftmals lohnt es sich, einen zweiten Blick auf die Dinge zu werfen. Damit können viele neue Wege und Lösungen entdeckt werden. Vielleicht entdecken Sie ein neues Hobby?

Frage 5: Wenn Sie sich einen Arbeitsplatz geben könnten, welcher wäre dies?

Arbeit ist durchgehend ein Thema, über das der Mensch sehr oft spricht. Teilweise sprechen Menschen zu oft und zu lange über das Thema. Manchmal ist man auch völlig genervt über Arbeit zu reden, wenn man jemand neues kennenlernt. Es kurz anzusprechen und nachzufragen, wenn es ein spannender Job ist, ist etwas, was jeder gut verträgt. Jedenfalls spürt man selbst, und auch Ihre Umgebung, wie Sie sich bei Ihrer Arbeit fühlen. Sind Sie glücklich mit Ihrer Tätigkeit, strahlt die Freude aus Ihnen heraus und die Umgebung wird automatisch angeregt, Ihnen positive Elemente des Lebens zukommen zu lassen. Leider ist es so, dass die Kinder und Jugendlichen, aber auch die Erwachsenen, meistens gezwungen werden, sich in Jobs zu betätigen, die entweder teilweise oder ganz den Neigungen und Interessen der jeweiligen Person widersprechen.

Die Gesellschaft ist aufgebaut auf diverse Berufszweige. Krankenhäuser kommen nicht ohne Ärzte aus. Gibt es keine Menschen, die Nahrung herstellen und diese schnell und einfach der breiten Masse zur Verfügung stellen, ist in der Infrastruktur der Gesellschaft eine tiefe Spalte offen. Der Mangel an Handwerkern in Deutschland ist ein altes Thema, jedoch noch immer aktuell. Überall werden Fachkräfte gesucht. Die meisten jungen

Menschen ziehen es vor, zu studieren und höhere Berufe anzustreben.

Doch ist dies wirklich das was man möchte. Was passiert, wenn die „niederen“ Tätigkeiten wie Kochen, Waschen, Nahrung zubereiten und Ähnliches nicht mehr gemacht werden können, weil einfach die Arbeitskräfte fehlen? Vor allem Menschen, die den Dreck von anderen wegmachen sind ein verrufener, gleichzeitig, aber essenzieller Bestandteil der Bevölkerung. Doch immer mehr distanzieren sich junge Menschen von diesen Berufen. Keiner möchte mehr eine Toilette reinigen und stattdessen lieber in der Entwicklung von Technologie arbeiten. Dabei gerät immer mehr die Vermischung der Interessen der Arbeitssuchenden aus dem Gleichgewicht. Stets sollten Sie für sich entscheiden, worin Ihre Interessen liegen. Arbeiten Sie nicht in einer Fabrik, wenn Sie mit Kindern arbeiten wollen. Wenn Sie sich die obige Frage selbst beantwortet haben, müssen Sie Ihren Neigungen folgen. Die Antwort auf diese Frage ist damit verbunden mit den obigen Fragen.

Frage 6: Welche Änderungen würde ich gerne in meinem Leben vornehmen?

Nun kommen Sie bitte zu den Änderungen, die Sie sehr gerne vornehmen möchten. Zunächst ist eine Anpassung an Ihre Interessen zwangsweise notwendig. Zählen Sie nun zusammen, welche Leidenschaften und Dinge Sie mögen. Diese Leidenschaften haben Sie bereits in den Fragen 1-3 für sich beantwortet. Nehmen Sie diese Notizen bitte und legen Sie sie vor sich. Nehmen Wir nun ein Beispiel. Eine Ihrer Leidenschaften ist, es zu reisen. Wie können Sie dieses Ziel erreichen? Prüfen Sie dazu zunächst Ihre Optionen.

Wie sind die finanziellen Mittel? Eine Klärung der finanziellen Mittel habe ich Ihnen bereits als ersten Schritt in den Ruhestand empfohlen. Somit sollte dies kein Problem sein. Eine Änderung der Lebensverhältnisse im Falle der Leidenschaft für das Reisen sollte in dem Sinne stattfinden, dass Sie sich Ihre Reiseziele vor Augen halten. Reiseziele die Sie vielleicht als Kind oder als Jugendliche(r) besuchen wollten, jedoch nie konnten. Wenn

Sie ein Ziel haben, z. B. nach Japan zu fahren für eine längere Urlaubsreise, dann müssen Sie natürlich all die Vorbereitungen treffen, die notwendig sind. Die Reise in ein fernes Land erfordert mehr Vorbereitung als die Reise in eine nähere Umgebung im eigenen Land. Sie müssen Medikamente bereitlegen, sich um Ihre Unterkünfte kümmern und vieles mehr. All dies hat natürlich auch den Vorteil, dass Ihr Geist gefordert wird. Und natürlich bringt Ihnen das Lernen der Sprache, die Einflüsse einer neuen und geheimnisvollen Tradition, große Vorteile für Ihre geistige Entwicklung. Sie sehen, Sie haben bereits einige Vorteile herausgelesen. Stellen Sie sich bitte diese Frage und überlegen gut. Möchten Sie sich aufraffen und den Mut finden, endlich Ihren Traum zu verwirklichen? Dann tun Sie es. Es ist egal, welches Alter Sie haben, es lohnt sich für jeden, die Welt zu sehen. Außerdem sollten Sie stets den Mut haben, positive Veränderungen in Ihrem Leben zu unternehmen. Aus eigener Erfahrung kann ich schreiben, dass die positiven Veränderungen des eigenen Lebens ein Umschwung und zeitgleich eine Herausforderung waren. Dennoch bereut keiner, der solche Veränderungen vorgenommen hat, diesen Schritt.

Frage 7: Aus welchem Grund ist mir dieses Ziel so wichtig?

Die Gründe für die Wichtigkeit der eigenen Ziele sind so vielseitig, wie jeder Mensch anders ist. Oftmals sind es jedoch Kindheitswünsche. Beispielsweise könnten Sie eine verwandte Seele in Italien haben, die Sie gerne wieder besuchen möchten. Ziele zu haben ist in dem Sinne für einen Menschen unverzichtbar, da diese Wünsche und Ziele das Vorankommen, und somit die eigene Entwicklung, fördern. Stillstand bedeutet zu sterben. Der Körper stirbt langsam, weil die Seele abbaut. Die Seele wird dadurch noch schwächer, je schwächer der Körper wird. Damit wird der Kreislauf noch mehr angeheizt. Die Folge ist ein unausweichliches Sterben des Geistes und der Seele, die, ohne zu zögern, den Körper mitreißen.

Dies allein ist schon ein guter Grund für Sie, Ihre Ziele wirklich in Angriff zu nehmen. Versuchen Sie, einen persönlichen Bezug zu Ihren Zielen zu finden. Am Beispiel des Zieles, um die Welt zu reisen, oder zumindest einige Länder und Städte zu besuchen, können Sie festhalten, dass eine freundschaftliche oder gar familiäre Verbindung zu anderen Menschen in anderen Ländern ein großer Anreiz dazu ist. Aber auch der sehnlichste Wunsch eines Kindes, den es als Erwachsene(r) noch immer mit sich herumträgt, ist Antrieb dafür. Sehen Sie sich Ihre Ziele an. Denken Sie bitte darüber nach, welche Gründe für eine Verwirklichung eben genau dieser Ziele spricht. Zu verlieren gibt es nichts, alles was Sie können ist dabei gewinnen.

Frage 8: Wäre ich in der Lage, auf etwas zu verzichten, was ich kaum entbehren kann? Und wenn ja, was wäre das?

Etwas aufzugeben ist immer schwer. Nehmen Sie einmal einen Menschen als Beispiel, welcher früh das Rauchen begonnen hat. Dieser Mensch hat es sich zum Ziel gesetzt, in baldiger Zukunft mit dem Rauchen aufzuhören. Entweder, um finanzielle Mittel zu sparen oder einfach die Gesundheit zu schonen. Menschliche Gewohnheiten sind kaum bis nur sehr schwer ablegbar.

Ein persönliches Beispiel ist es, aus Nervosität oder Langeweile an der Lippe zu zupfen, oder Nägel zu kauen. Beide Angewohnheiten sind äußerst schlecht und schädliche Angewohnheiten, die mehr schlecht als Recht abgewöhnt werden können. Wichtig ist jedenfalls, dafür die Ursache zu finden. Denn oftmals liegt der Grund in der Kindheit oder der Jugend. Oder Sie hatten einen anderen Schicksalsschlag. Vielleicht mussten Sie einen schlimmen Todesfall erleben und haben versucht, Ihr Leid auf andere Dinge umzulenken. Nehmen Sie bitte den Menschen mit dem Wunsch mit dem Rauchen aufzuhören, noch einmal vor Ihr geistiges Auge. Mit dem Rauchen aufzuhören ist schwer. Rauchen ist, wie jeder weiß, eine Sucht und eine Sucht ist nur mit einer wirklich starken Willenskraft zu bändigen. Doch im Falle des Rauchens gibt es schon viele Möglichkeiten. E-Zigaretten sind eine Variante, um von den teuren Stängeln aus der Schachtel oder der Tabakdose wegzukommen.

Oder auch Nikotinpflaster und vieles mehr, was Sie in der Apotheke kaufen können, hilft Ihnen über diese Sucht hinweg. Die Frage also, ob Sie in der Lage wären auf etwas zu verzichten, wird von der Frage ergänzt, was Sie wirklich brauchen. Die Wichtigkeit einer Tätigkeit, einer Angewohnheit oder eines Gegenstandes, welches als Erinnerungsstück fungiert, ist von Ihnen selbst am besten einzuschätzen. Nehmen Sie diese Herausforderung an sich selbst an und befreien Sie sich von unnötigen Belastungen.

Frage 9: Sie haben die Chance auf einen Neustart. Wie würden Sie das beginnen?

Was wäre, wenn Sie eine Chance auf einen Neustart bekommen könnten? Würden Sie diese annehmen? Auf was würden Sie verzichten, um diesen Neustart anzunehmen? Einen Neustart zu wagen ist stets eine Herausforderung. Oftmals hat man Angst davor und fühlt sich sprichwörtlich wie der Ochse vor dem Berg.

Vielleicht sehen Sie gerade zu einem Berg, den Sie eigentlich erklimmen wollten. Besonders im Alter ist es oft schwer, sich neuen Interessen zu stellen. Vielen erscheint eine neue Beschäftigung als eine kaum überwindbare Herausforderung. Selbstzweifel sind eine Gefühlsregung, die Ihnen die Freude am Leben nimmt. Nicht nur Kinder und Jugendliche in ihrer Phase sich in das Leben zu integrieren müssen mit Selbstzweifeln leben. Selbstzweifel ziehen sich durch das ganze Leben. Die Frage „Kann ich das schaffen?“ oder „Bin ich der Herausforderung wirklich gewachsen?“ steht immer im Raum. Und wenn der Betreffende nicht in der Lage ist, diese Zweifel beiseite zu schieben und sich der Situation zu stellen, wachsen diese immer weiter. Mit Selbstzweifeln in der Tasche ist es schwer, sich auf neue Chancen und einen Neustart einzulassen. Versuchen Sie, mit Mut und Entspannung sich neuen Situationen zu stellen. Oftmals erscheint eine Situation oder eine Aufgabe schlimmer, als sie eigentlich ist. Meistens kommen sogar sehr positive Dinge dabei heraus.

Frage 10: Jeder Mensch steht für irgendwelche Werte gerade. Welche Werte sind Ihnen wichtig?

Werte sind Bestandteile der menschlichen Kultur und werden den Kindern früh mitgegeben. Dabei ist es natürlich wichtig, gute Werte mitzugeben. Doch welche Werte können als gut eingeschätzt werden? Ist es die Tugend, zu helfen? Ist es Ehrlichkeit? Oder eine gute soziale Ader zu besitzen? Für viele Menschen werden diese Werte innerhalb einer Gesellschaft vermittelt. Verschlagenheit, Gewalt und Co. sind selbstverständlich verpönt. Und die meisten Menschen wollen sich mit den guten Werten, der alten Schule, weitestgehend identifizieren und diesen Werten auch entsprechen.

Doch welche Werte sind für Sie interessant. Sind Sie besonders auf die Tugend zu helfen ausgelegt? Oder wollen Sie lieber für sich, Ihre Freunde und Ihre Familie leben? Das werden wohl die meisten Menschen tun. Woran auch nichts Verwerfliches ist. Werte sind zudem auch materieller Natur. Sie stecken in Gegenständen, was nicht zuletzt mit der Kauf- und Verkaufsabsicht zusammenhängt. Erinnerungen sind wichtig und werden von fast allen Menschen gehütet wie ein Schatz. Warum sammeln ältere Leute Puppen, Figuren, etc.? Einzig allein wegen den Erinnerungen. Vielleicht haben Sie es schon getan. Doch spätestens jetzt nehmen Sie bitte einen Stift und schreiben die Werte auf, die Ihnen einfallen und wichtig sein könnten. Denken Sie bitte nicht, dass auch nur einer dieser Werte unwichtig sein könnte. Werte sind wie Puzzlestücke, die zusammengefügt einen Teil des Menschen ausmachen.

Dabei nehmen Selbstzweifel gleichsam eine schädigende Rolle ein. Womöglich machen Sie sich Sorgen darüber, für etwas nicht gut genug zu sein. Vielleicht lieben Sie eine Tätigkeit, praktizieren diese schon seit Jahren heimlich in Ihrem Keller und möchten dieses Handwerk nun an die Außenwelt tragen. Dabei sind Ihnen die Dinge, die Sie dort schaffen, wichtige Werte und haben Angst, dass Ihnen diese jemand schlecht machen könnte. Womöglich glauben Sie, dass Sie dem nicht gewachsen sind. Dennoch lohnt es sich, die Einstellung zu verändern. Lenken Sie Ihre Gedanken auf positive Gedankengänge und versuchen Sie, Ihre Selbstzweifel hinter sich zu lassen.

Frage 11: Was müssen Sie Ihrer Meinung nach schaffen, wenn Sie Ihre festgelegten Pläne erreichen wollen?

Pläne für die Zukunft zu schmieden geschieht stets in den menschlichen Hintergedanken. Selbst, wenn es sich dabei nur um die Abendplanung mit einem guten Freund geht. Festgesteckte Pläne strecken sich in ihrer Existenz dabei über alle Lebensbereiche. Ob es langfristige Pläne einer Auslandsreise sind, oder ob es schlichtweg das Fertigstellen der Abstellkammer in naher Zeit ist. Nehmen Sie bitte wieder Ihren Stift und Ihren Zettel und schreiben Sie Ihre Gedanken auf.

Fragen Sie sich selbst, was Sie Ihrer Meinung nach heute, morgen, in einem Monat, oder in einigen Jahren geschafft haben möchten. Ziehen Sie hierfür die Fragen 1-10 zu Rate. Auch hier schlagen die Selbstzweifel gerne zu. Wenn Sie sich vielleicht wünschen, endlich Ihre Großmutter zu besuchen, zu der Sie stets aufgesehen haben und selbst nicht das erreicht haben, was Sie wollten, werden sowohl Scham und die Selbstzweifel zuschlagen. Zwänge sind ein Punkt im Leben eines jeden Menschen, die aus dem sozialen Zusammenspiel der sozialen Gesellschaft resultieren. Zwänge resultieren oft in Stress, weil viele Menschen diesen Zwängen kaum oder gar nicht nachkommen können. Die Folge sind Burnout und andere Erkrankungen durch diese Art von negativem Stress. Und dabei dreht sich der Kreislauf weiter. Durch die körperliche Erkrankung wird dieser Kreislauf noch weitergedreht und bildet sich zu einer Spirale aus. Eine Spirale, die Sie in den Abgrund zieht.

Ein Teufelskreis, der noch mehr Selbstzweifel produziert und damit die Spirale noch weiter vergrößert. Bereits im Berufsleben leben alle arbeitenden Menschen im Stress, nicht genug finanzielle Mittel zusammenzubekommen, um ihren Lebensunterhalt zu bestreiten. Dadurch ist noch mehr Arbeit notwendig und es kommt zu sozialen Unruhen. Die Folge ist, dass viele Menschen sich einfach zurückziehen und ihr eigenes Ding machen. Wenn Sie sich nicht unterkriegen lassen wollen, müssen Sie von Anfang an wissen, was Sie können, oder es herausfinden. Durch die Auflistung Ihrer Antwort auf diese Fragestellung, finden Sie mehr über sich selbst heraus und können so größeren Herausforderungen widerstehen. Prüfen Sie Ihre Optionen und wagen Sie etwas Neues, von dem Sie womöglich nur glauben, dass Sie es können.

Frage 12: Wie stark ist mein Glaube, all die Wünsche und Ziele zu schaffen?

Der Glaube versetzt Berge. Diese wahren Worte entstammen aus der frühen Zeit und sind heute noch gültig. Stellen Sie sich nicht nur die Frage, wie stark Ihr Glaube für Ihre Überzeugungen, Wünsche und Ziele ist, schreiben Sie die Antworten auf. Viele Menschen nutzen ein Tagebuch, andere kompensieren ihre Gedanken und ihren Glauben in andere Richtungen. Zweifeln Sie an sich, wird Ihr Glaube schwach sein. Wenn Sie beispielsweise glauben, den Mount Everest besteigen zu können, dann halten Sie an Ihrem Glauben fest. Sie werden es schaffen. Doch hören Sie auf zu glauben, schwindet womöglich auch die Fähigkeit, dies überhaupt in Ihrer Lebensspanne zu tun. Selbstzweifel sind Gift und halten Sie auf, Ihren Weg zu beschreiten. Es gibt nichts, was Sie wirklich aufhalten kann, all Ihre Wünsche, Ziele und Träume zu erreichen. Auch im Alter nicht.

Frage 13: Wenn Sie zu viele Selbstzweifel haben, woran glauben Sie liegt es, dass es nicht funktioniert?

Betroffen von Selbstzweifeln tritt nun diese Frage ins Licht. Sie wissen, dass Sie zweifeln, auf die ein oder andere Weise. Betrachten Sie bitte die Situation und lassen Sie sich in Ruhe die Gedanken durch den Kopf laufen, was denn die Ursache sein könnte. Vielleicht liegt die Ursache in der Vergangenheit. Beispielsweise haben Sie als Kind gerne gesungen, wurden jedoch stetig kritisiert. Noch heute möchten Sie singen, trauen sich aber nicht mehr, aus Angst vor der Kritik, die es danach hageln könnte. In allen Dingen ist es wichtig, die Wurzeln, sprich die Ursache, zu finden. Menschen, die viele Zweifel in sich tragen, hatten meist sehr wenig positiven Zuspruch im Leben und mussten viel Kritik und Entziehung von Anerkennung ertragen. Nehmen Sie bitte Ihr Journal oder Ihr Tagebuch wieder zur Hand und notieren Sie alles, woran Sie sich erinnern können - ob dies Erinnerungen sind, oder neuste Erkenntnisse. Alles, was Sie niederschreiben, kann Ihnen helfen Ihre Selbstzweifel zu entdecken. Dabei verhält es sich wie in allen Dingen. Kaum ist es ausgesprochen oder ausgeschrieben wird die Klarheit Einzug halten und Sie können sich an die Beantwortung der nächsten Frage wagen.

Frage 14: Wie viel Zeit und Energie bringen Sie auf für Ihre eigene Entwicklung?

Entwicklung braucht Zeit. Das ist nicht nur in der Evolution des Lebens bekannt, sondern auch in der Phase des Erwachsenwerdens, sowie darüber hinaus. Dabei bleibt oft die konstante oder häufige Unzufriedenheit nicht aus. Unzufriedenheit darüber, nicht das erreicht zu haben, was man sich schon immer gewünscht hat. Die Frage wie viel Zeit und Energie Sie benötigen, um die angestrebte Entwicklung Ihrerseits zu durchlaufen, kann weder pauschal noch in Zahlen beantwortet werden. Sie allein müssen bereit sein, die eigene Entwicklung zu durchlaufen. Wenn Sie etwas schon jahrelang mit sich herumtragen, werden Sie erleichtert sein, endlich Ihr Ziel erreicht zu haben. Viele Menschen unterdrücken ihre Träume zugunsten von anderen. Entweder sind es die eigenen Kinder, die Familie oder Freunde, für die Sie sich aufopfern.

Die Frage kann nur individuell von Ihnen selbst beantwortet werden. Wie viel Zeit und Energie sind Sie bereit, zu opfern, um Ihr Ziel zu erreichen? Wären Sie bereit viele hundert Kilometer zu fahren, um etwas zu finden, was Sie unbewusst Ihr ganzes Leben lang schon suchen?

Frage 15: Wie viel Erfolg ist mir im Leben wichtig?

Erfolg ist ein Wort, wonach viele ihre Werte ausrichten. Menschen, die im Job viel erreichen wollen, legen extrem viel Wert darauf und zu verlieren ist dabei keine Option. Grundsätzlich sehnt sich die menschliche Psyche und dadurch die Ehre des Menschen danach, stets siegreich aus einem Kampf hervorzugehen. Mit einem Kampf sind dabei nicht nur die alten

Kämpfe zwischen stolzen Rittern oder Samurai gemeint, sondern die alltäglichen Begebenheiten. Einfache Konversationen, Diskussionen über Wünsche und Pflichten. Es reicht aus, eine Preisverhandlung zu beobachten. Der Verkäufer möchte natürlich so viel wie nur möglich aus dem Verkauf schlagen, während der Käufer das Gegenteil möchte. Daraus resultiert einer der alltäglichen Kämpfe, deren Erfolg von der Geschicklichkeit und der Intelligenz, oder sogar der Verschlagenheit des einen, abhängig ist.

Erfolg selbst lässt sich auf alle Lebenslagen beziehen. Selbst der Gang zum Kiosk ist ein Stück Erfolg, diesen überhaupt zu erreichen. Genauso hat Erfolg mit Ihrem Ziel für Veränderungen in Ihrem Leben eine unverzichtbare Rolle. Sind Sie erfolgreich, fühlen Sie sich sicher und wagen den nächsten Schritt. Damit lässt sich effektiv eine konstante, häufige Unzufriedenheit aus dem Weg räumen.

Frage 16: Werde ich in fünf oder zehn Jahren noch immer glücklich sein, mit dem was ich aktuell tue?

Diese Frage stellt sich vor allem in Vorstellungsgesprächen. Wenn der Personalchef wissen möchte, wo Sie sich in fünf oder zehn Jahren sehen. Dies zielt lediglich darauf ab, dass das Unternehmen interessiert ist, an langfristigen Mitarbeitern, die es praktisch wert sind, eine angemessene Einarbeitungszeit zu erhalten. Und damit daran, dem Unternehmen keine unnötigen Kosten zu verursachen. Natürlich ist es nicht möglich zu wissen, was in fünf oder zehn Jahren in Ihrem Leben geschehen wird. Sie können lediglich Pläne schmieden und dafür Sorge tragen, diese auch zu erreichen. Frustration und Unzufriedenheit sind hierbei stets die Ursache für die Unfähigkeit, Pläne für die Zukunft zu gestalten. Selbst wenn Sie in den Ruhestand gehen, ist es viel wert, sich Gedanken zu machen, wo Sie in den nächsten fünf Jahren sein möchten. Denn Ziele sind stets wichtig, um sich weiterzuentwickeln. Vielleicht haben Sie es sich zum Ziel gemacht, eine Sprache zu lernen und müssen dazu einige zusätzliche Schritte in Angriff nehmen. Halten Sie sich stets einige Ziele für die Zukunft offen, denn daran werden Sie wachsen und mehr Lebensqualität erreichen.

Frage 17: Wenn Sie mehr Zeit für sich privat haben möchten, was würden Sie an Ihrem Leben weglassen oder ändern?

Nun kommt die Frage, was Sie tun würden, wenn Sie nicht mehr arbeiten müssten. Mehr Zeit privat zu haben, kann für manche Menschen eine Belastung sein. Für andere ist es vielleicht ein kurzer Urlaub und dann kommt die Leere. Die unweigerliche Frage, was man mit seiner Zeit anfängt, sobald die Spannung und die ersten Vorzüge der freien Zeit schwinden. Dennoch sollten Sie die freie Zeit ehren und dankbar dafür sein. Denn betrachten Sie bitte noch einmal die Menschen, die von früh bis spät arbeiten und dazu teilweise noch spätabends nach Hause kommen. Menschen, die müde ins Bett fallen und den ganzen Tag kaum zur Ruhe kommen, sind im 21. Jahrhundert leider keine Seltenheit. Natürlich ist es stets wichtig Anerkennung zu finden und sich an der ein oder anderen Stelle nützlich zu machen. Vielleicht reicht Ihnen eine ehrenamtliche Tätigkeit oder Sie suchen sich einen 450-Euro-Job, damit Sie die freie Zeit besser wertschätzen können.

Frage 18: Wie glücklich und zufrieden wäre ich, wenn ich meinen absoluten Traumjob hätte? Würde ich noch etwas anderes vermissen?

Die Frage, ob Sie nun glücklich wären, wenn Sie Ihren absoluten Traumjob hätten, steht nun im Raum. Würden Sie Ihren tollen Job vermissen, wenn Sie in den Ruhestand gehen müssten? Ungern gibt man das auf, was einem Glück und Freude bescherten. Wenn es Ihnen schwerfällt, könnten Sie ja auf nebenberuflicher Basis in Ihrem Beruf bleiben. Dies könnte Ihnen den Übergang leichter machen, in den Ruhestand zu gleiten. Oder Sie gehen in Altersteilzeit, ein Angebot, welches oft angenommen wird von Arbeitnehmern. Denn von heute auf morgen das zu verlieren, was man gerne tut, ist schon eine seelische Belastung an sich. Dies führt unter Umständen natürlich zu einer konstanten und evtl. häufigen Unzufriedenheit. Versuchen Sie Ihren Übergang in den Ruhestand sanft zu gestalten.

Frage 19: Welche Schritte könnte ich noch einleiten, um zukünftig eine zufriedenere Lebensbasis zu haben?

Wenn Sie alle anderen Fragen für sich selbst beantwortet haben und die Antworten auch notiert haben, stellen Sie sich nun bitte die Frage was Sie noch tun können. Es gibt immer eine Steigerung. Nicht umsonst gibt es die Aussage, dass stets jemand besser ist als man selbst. Wenn Sie einen Stillstand erleben, drehen Sie praktisch auch in die Abwärtsspirale in eine konstante Unzufriedenheit hinein. Ihre bisherigen Notizen werden Ihnen helfen, zu überdenken welche Schritte Sie noch weiterhin machen, um Ihre Zufriedenheit noch weiter zu steigern. Neue Interessen wollen zudem auch befriedigt werden und die Welt ist groß. Gleichsam liefert die Umwelt immer wieder neue Eindrücke und Erfahrungen. Woraus sich immer wieder neue Interessen entwickeln. Sie sehen in Bewegung zu bleiben ist eine sehr förderliche Methode, um eine noch zufriedenere Lebensbasis zu erreichen.

Ein kurzer Ausflug in die Psychoanalyse:

Für einen Psychoanalytischen Ansatz sind fünf Faktoren interessant. Zu zählen:

- Offenheit
- Gewissenhaftigkeit
- Neurotizismus
- Verträglichkeit
- Extraversion

Diese Faktoren sind essenzielle Bestandteile der menschlichen Persönlichkeit und werden sehr oft genutzt, um Selbstreflexion anschaulich zu zeigen. Das sog. Fünf-Faktoren-Modell spiegelt die Bestandteile der Persönlichkeitspsychologie wider. Im Nachfolgenden werden die Faktoren genauer erläutert:

Offenheit

Mit Offenheit ist die Offenheit für Erfahrungen, sprich die Aufgeschlossenheit gemeint. Menschen, die diese Eigenschaft besonders gut ausgeprägt haben oder zumindest auf einer gesunden Basis entwickelt haben, haben eine sehr rege Fantasie. Dabei sind diese Menschen besonders in der Lage eigene Gefühle, ob diese nun negativer oder positiver Natur sind, besser wahrzunehmen. Zudem sind Menschen, die eine starke Fantasie haben meist auch in der Lage, sich in eine fantastische Welt einzufügen und dort ihre eigenen Gefühle anzupassen und damit die Geschichten in ihrem Kopf anders zu erleben. Hierbei ist es nicht überraschend, dass diese Gruppierung Menschen an diversen öffentlichen, aber auch persönlichen Vorgängen interessiert sind.

Unter dem Verständnis des Begriffs Offenheit verfügen Menschen mit einem hohen Offenheitswert über eine Menge Wissbegierde. Aber auch Neugierde, einen relativ hohen Intellekt und natürlich viel Fantasie. Zudem sind solche Personen sehr experimentierfreudig und auch künstlerisch ambitioniert. Sind Sie einer dieser Menschen, haben Sie die intensive Angewohnheit, bestehende Normen mit einer kritischen Haltung zu hinterfragen. Zudem gehen Sie vermehrt auf politische, soziale und ethnische Wertvorstellungen ein, die auf Sie zukommen. Völlig gleichgültig vom Urteil über eine Wertvorstellung legen Sie dann ein meist unkonventionelles Verhalten an den Tag. Neue Handlungsweisen fallen ebenso in Ihr Interesse und Sie suchen stets nach Abwechslung. Spannend ist es, zu beobachten, wie die Menschen in Ihrer Umgebung sich verhalten. Es ist einfach zu erkennen, welche Menschen mit einer großen Offenheit gesegnet sind. Menschen, die mit wenig Offenheit ausgestattet sind, legen ein eher konservatives, sowie vorsichtiges Verhalten an den Tag. Bibliothekare oder ähnliche Berufe könnten Menschen sein, die nur wenig Offenheit haben.

Gewissenhaftigkeit

Der Anteil der Gewissenhaftigkeit ist gleichsam unterschiedlich, wie bei den anderen Eigenschaften. Menschen, die einen hohen Grad an

Gewissenhaftigkeit haben, sind meist in Berufen, die mit Verwaltung und Co. zu tun haben. Sie verfügen über eine hohe Organisationsfähigkeit, eine hohe Sorgfältigkeit, aber auch eine gute Planfähigkeit. Ebenso sind solche Personen mit dieser Fähigkeit besonders effektiv, verantwortungsbewusst, zuverlässig und überlegen gut, bevor sie handeln. Für diese Charakterisierung fallen insbesondere Begriffe wie Selbstkontrolle, Verantwortungsbewusstsein, Zielstrebigkeit und Genauigkeit zusammen. Menschen, die einen hohen Anteil Gewissenhaftigkeit in ihrer Persönlichkeit haben, nehmen oft maßgeblichen Einfluss auf ihren beruflichen Erfolg. Ist bei Ihnen oder einem Bekannten von Ihnen diese Fähigkeit eher schwächer ausgeprägt, treten vermehrt Unbekümmertheit und Spontanität in den Alltag ein.

Extraversion

Menschen, die eine hohe Extraversion, jedoch zwangsweise einen niedrigen Introversionswert, besitzen, sind sehr gesellig. Für solche Personen ist es besonders wichtig, soziale Kontakte zu pflegen und neue zu knüpfen. Dabei legen Menschen mit einem hohen Wert an Extraversion viel Selbstsicherheit an den Tag, sind sehr aktiv, gesprächig, heiter, energisch und natürlich auch optimistisch. Der Grad, zwischen einem gesunden Verhältnis an Selbstsicherheit jedoch kann variieren. Oftmals werden Personen mit einer hohen Extraversion, auch Extrovertierte, als zu aufdringlich oder sogar zu selbstsicher betrachtet. Menschen mit der hohen Fähigkeit der Extraversion suchen in ihrem Alltag nach Menschen und Gruppen von Menschen, in die sie hineinpassen könnten. Wenn Sie eine Person fragen, die mit dieser Fähigkeit gut ausgestattet ist, ob diese zu einem Fest kommen möchte, wird diese Ihnen sicherlich nicht absagen. Umgekehrt sind Personen, welche sich lieber in die eigenen vier Wände zurückziehen und allein arbeiten eher introvertiert. Soziale Kontakte sind wichtig, jedoch sind solche Personen sehr gerne unabhängig und äußerst wählerisch mit ihrem Freundeskreis. Manche Personen sind allerdings Extremfälle und bevorzugen eine völlige Zurückhaltung und das Zurückziehen von Menschen. Haben Sie jemanden in Ihrem Umkreis, der eher menschenscheu ist, ist diese Person sehr introvertiert.

Verträglichkeit

Verträglichkeit steht für das Vertragen von diversen Situationen und Gefühlsregungen. Menschen, die eine solche Eigenschaft besonders ausgeprägt innehalten, sind sehr verständnisvoll, kompromissbereit, mitfühlend, aber auch wohlwollend. Anderen Personen Hilfe zu geben ist für solche Personen äußerst bedeutsam. Sie sind überzeugt, stets etwas positives von anderen Menschen zurückzubekommen, wenn sie ihrer Neigung zu helfen folgen. Dabei nimmt zwischenmenschliches Vertrauen einen extrem hohen Stellenwert ein. Ebenso wünschen sich diese Personen auch von anderen eine hohe Kooperationsbereitschaft, einen gewissen Hang zur Nachgiebigkeit und sind stets auf der Suche nach ausgeglichener Harmonie. Diese Personen sind öfters empfindsamer und versuchen Streitigkeiten meist aus dem Weg zu gehen. Dies tun sie oft einfach mit Nachgiebigkeit, um ihren Gegenüber zu beschwichtigen. Im umgekehrten Fall stehen die Menschen, welche jedoch sehr gerne auf Konflikte, Wettbewerbe und Konkurrenz eingehen. Diese Menschen haben eher weniger Empfindsamkeit und wollen auch nur sehr schwach nachgiebig sein. Sie erkennen Personen mit wenig Verträglichkeit daran, dass diese sehr stark an Konfrontationen interessiert sind und sich auch gerne und oft in Wettbewerben üben. Natürlich versuchen sie den Sieg zu erringen. Jedoch sollten Sie aufpassen, denn viele Menschen mit wenig Verträglichkeit könnten egozentrisch, aber auch misstrauisch sein.

Neurotizismus

Der Begriff Neurotizismus wird dadurch erläutert, dass er für die Gesamtverfassung einer Person steht. Damit sind die emotionale Labilität, Hemmung sowie die Schüchternheit im Charakter gemeint. Ist der Grad an Neurotizismus sehr hoch in einem Charakter, ist eine Person sehr schnell seelisch aus dem Gleichgewicht zu bringen. Anders als Menschen mit einer stabilen Emotionalität sind neurotizistische Personen oft von Gefühlszuständen beherrscht. Ob diese positiv oder negativ sind, spielt dabei selten eine Rolle. Während dieser Gefühlsregungen werden diese Menschen von den Gefühlen oftmals überwältigt. Meist allerdings nehmen negative Emotionen die Oberhand ein, was es schwer macht, sich aus dieser Spirale zu befreien. Menschen mit einem hohen Neurotizismus, sind meist über diverse Ereignisse sehr empfänglich, reagieren oft erschüttert, beschämt, unsicher, betroffen, aber auch nervös oder ängstlich. Auch werden sie oft von Traurigkeit und Verlegenheit übermannt. Die hohe Sensibilität ist speziell bei Menschen mit künstlerischem Interesse vertreten.

Dabei sind sie sehr stressanfällig und hochsensibel, während die angestauten Emotionen sich noch lange in deren Seele widerspiegeln. Von der positiven Seite gesehen sind Personen, die einen solch hohen Neurotizismuswert besitzen äußerst emphatisch, was vor allem in sozialen Gefilden sehr von Vorteil ist. Jedoch sollten solche Personen Acht geben, dass sie nicht zu viel an sich heranlassen. Denn die Sorgen anderer Menschen können besonders bei solch sensiblen Personen großen Schaden anrichten.

Zusammenfassend kann festgehalten werden, dass die sog. „Big Five" die grundlegenden **Persönlichkeitsmerkmale** darlegen. Alle Eigenschaften können stets mit positiven, als auch negativen Aspekten betrachtet werden. Beispielsweise kann Gewissenhaftigkeit auch mit Perfektionismus gleichgesetzt werden, was wiederum positiv oder negativ sein kann. Je nach Ansicht der Situation ist dies frei selbst zu bestimmen. Extraversion kann, wie oben bereits festgestellt, auch mit Geselligkeit gleichgestellt werden. Geselligkeit wird jedoch als sehr positiv angesehen und trifft vor allem Menschen, die gerne Reisen oder viel mit Menschen arbeiten möchten.

Bei Verträglichkeit kann man von einer hohen Rücksichtnahme, Empathie sowie einer sehr hohen Kooperationsbereitschaft sprechen. Aber auch dieser Aspekt steht entweder unter einer positiven oder negativen Ansicht, was je nach Situation abzuklären ist. Emotionale Labilität und Verletzlichkeit werden bei neurotizistischen Menschen oftmals jedoch als sehr negativ ausgelegt. In einer Gesellschaft, in der Stärke und Durchsetzungsvermögen sehr stark gefordert und zum Großteil einfach erzwungen werden, legen diese Denkweisen insbesondere im beruflichen Bereich fest.

Deutlich ist, dass in jeder Person jede dieser Basiseigenschaften verankert sind. Die Ausprägung dieser Eigenschaften entwickelt sich sowohl in der Kindheit als auch in der Jugend. Zudem nehmen selbst erwachsene Personen in regelmäßigen Abständen eine Veränderung dieser Eigenschaften in der eigenen Persönlichkeit wahr. Speziell Lebenserfahrung, aber auch soziale Umstände sind verantwortlich für diese charakteristischen Veränderungen. Selbst nach dem Übertreten des 70. Lebensjahres finden noch immer charakterliche Veränderungen statt. Abhängig von der Stärke der Persönlichkeit und dem Geschlecht, findet somit eine Veränderung der Fremd- und der Selbstwahrnehmung statt. Dabei ist die biologische Altersgrenze in Verbindung mit dem erwarteten Lebensende intensiver im Einfluss als das chronologische Alter einer Person.

Betrachtet man die Vorteile dieser Eigenschaften jeweils auf das Berufsleben oder das Privatleben einer Person bezogen, ist deutlich geworden, dass ein positives Denken der wirkliche Weg zum Erfolg ist. Verbindet man diese Eigenschaften mit Selbstreflexion, wird in einer direkten Verbindung die Selbstwahrnehmung trainiert.

Dadurch werden neue Möglichkeiten und Potenziale entdeckt. Damit wird praktisch ein hohes Maß an Nachhaltigkeit genutzt, um sowohl berufliche als auch private Ergebnisse besser zu erreichen. Das Erkennen der eigenen Fähigkeiten ist für Sie ein wichtiger Schritt, denn wenn Sie sich selbst kennen, können sie sowohl Stärken als auch Schwächen abwägen. Was Ihnen sehr hilft diverse Vorlieben neu zu entdecken oder ungeahnte Eigenarten und Eigenschaften an sich zu finden. Eigenschaften, die sich evtl. später mit dem Erreichen einer bestimmten Altersgrenze gebildet haben. Das Meistern der Erkennung von eigenen Fähigkeiten bringt passende und evtl. notwendige Verhaltensveränderungen mit sich. Denn selbst Menschen, die ansonsten keinerlei Interesse daran haben, sich zu verändern, müssen sich der Selbstreflexion stellen. Dabei müssen sie oftmals ihre Einstellung und Haltung zum Leben selbst anders betrachten. Und dazu, im Bereich der anwachsenden Fremdbestimmung, innerhalb der modernen Konsum- und Leistungsgesellschaft bereit sein, sich dem eigenen Ich zu stellen.

Wenn Sie sich die Frage stellen, was Ihr Kernerfolgserlebnis in Ihrem Leben war und sich selbst die Antwort darauf geben können, werden Sie ein befriedigenderes Gefühl empfinden. Ideal ist es. sich jeden Tag vor dem Schlafen Erfolgserlebnisse vor die Augen zu führen. Denn eine regelmäßige Reflexion der positiven Erfahrungen, die Sie täglich an sich selbst durchführen, können Sie sowohl Ihre emotionale Seite, aber auch Ihre kognitive Seite Ihres Selbst analysieren und somit die eigene Leistung erkennbar steigern oder konstant halten. Nun stellt sich auch die Frage der Sozialkompetenz, in Verbindung mit dem gesellschaftlichen Zusammenleben. Betrachtet man die berufliche Laufbahn der meisten Menschen, wird klar, dass insbesondere brillante Analytiker und spezielle Fachkräfte mit einer hohen Sozialkompetenz ausgestattet sind, jedoch kaum mit dem personellen Intellekt und dem Ego klarkommen. Industrie 4.0 ist ein Begriff, der die moderne Arbeitswelt intensiv beeinflusst. Stets wird die Fähigkeit der Modernisierung von existenten Konzepten gefordert. Motivation nimmt auch hierbei eine wichtige Stellung darin ein, was in einem hohen Maß an Teamfähigkeit zu erkennen ist. Insbesondere das Management ist stark betroffen von Fehlern, eben weil dort die Entscheidungen des Unternehmens getroffen werden.

Menschen, die sich rein auf ihren Beruf konzentrieren und zu wahren Workaholics werden, gehen gradewegs auf ihre Ziele zu und sind stark auf den Erfolg fokussiert. Eine Vermischung der oben genannten Eigenschaften ist in jeder Situation und in jeder Person zu finden, auch im Management. Im Privatleben ist dies genauso anzuwenden, wie im beruflichen Management. Dabei werden verstärkt Ziele, Motive und Prinzipien genutzt, um das Verhalten positiv zu verändern. Die Unterscheidung zwischen Berufs- und Privatleben spielt dabei nur die wesentliche Rolle, dass die gleichen Eigenschaften auf das Management der Familie und der Freunde angewendet werden kann. Die Formung des eigenen Charakters wird durch Handlungen und durch Worte getätigt.

Selbstreflexion baut auch auf emotionsbasierten Evaluationsmethoden auf. Zudem besteht die Gefahr der hemmungslosen Übertreibung.

Schwierig ist insbesondere, dass die Fähigkeiten fast immer an den eigenen Leistungen und dem Status festgemacht werden. Das bringt lediglich eine negative Reflexion des eigenen Selbst, was nicht nur dem sozialen Umfeld schadet. Lebt jemand diese Einstellung viele Jahre lang, so kann dieser Selbsthass, der dadurch entsteht, die Entwicklung noch negativer beeinflussen. Wird nicht baldmöglichst eine Gegenmaßnahme ergriffen, um die Depressionen in den Griff zu bekommen, leidet darunter die normalerweise gesunde und fundierte Selbstreflexion, sowie die Entwicklung, die daraus resultiert.

Bezüglich Ihres Selbst, wenn Sie in den Ruhestand eintreten, ist es sinnvoll, sich durch eine gesunde Selbstreflexion und das Kennen vom eigenen Ich, die eigenen Interessen herauszufinden. Durch eine ausgiebige Selbstanalyse werden Sie in der Lage sein, Ihre Interessen und Gewohnheiten zu erkennen und das Bessere herauszuarbeiten. Damit wird es einfacher, den Übergang vom Arbeitsleben in den Ruhestand zu gestalten.

Kapitel 6: Lernen Sie, was Sie selbst wollen

Nachdem Sie sich nun selbst besser kennengelernt haben, sich Fragen zu ihren Wünschen und Neigungen gestellt haben, ist es an der Zeit, die Antworten dazu zu nutzen.

Wie wollen Sie Ihren Ruhestand verbringen? Bevorzugen Sie Gemütlichkeit, oder sind Sie eher der aktive Typ Mensch? Wie wichtig ist Ihnen Partnerschaft im Leben generell? Und wie sehen Sie das im Ruhestand? Das Stellen dieser Fragen führt zum nächsten Thema. Denn es ist an der Zeit herauszufinden, was Sie sich selbst für sich wünschen. Aus den bisherigen Antworten im vorherigen Kapitel nehmen Sie bitte Ihre Antworten und schreiben sich eine To-Do-Liste. Dazu können Sie folgende Hinweise zur Hilfe nehmen:

Eine Auszeit allein nehmen

Für das Brainstorming ist es gut, wenn Sie sich zurückziehen und sich Ihre Antworten aus dem vorherigen Kapitel ansehen. Nehmen Sie zunächst Ihre Liste her, auf der Sie Ihre Bedürfnisse und Wünsche aufgeschrieben haben. Dann analysieren Sie die Antworten bezüglich Ihres aktuellen Alltages. Gleichen Sie Ihre Antworten mit Ihren aus den vorherigen Kapiteln zum Vergleich dazu.

Das Verlassen der Komfortzone

Ihre Lebensvision wird vom Finden Ihrer Selbstsicherheit geleitet. Dies können Sie aber nur erreichen, wenn Sie rausgehen und den Mut haben Veränderungen zu erleben und Dinge neu zu erleben. Das Erreichen der eigenen Grenzen auszutesten ist nicht nur für Kinder in ihrer Entwicklung ein Dauerakt, sondern auch für den erwachsenen Menschen von Bedeutung. Jeder leidet unter mindestens einer Angst. Sich diesen Ängsten zu stellen, egal ob diese groß oder klein sind, nimmt stets dasselbe Ende. Immer mehr fangen

Sie an, Ihnen selbst zu vertrauen, besonders dann, wenn Sie sehen, dass Sie etwas erreichen. Doch dazu müssen Sie hinausgehen, eben um dieses Wachstum zu erleben. Das Verlassen des Alltags nimmt dabei die größte Hürde dazu ein. Wenn Sie den Mut haben, Ihre Komfortzone zu verlassen, werden Sie Wachstum erleben, denn oftmals ist die Außenwelt nicht so schlimm wie man sie sich vorstellt. Und Probleme aus der Außenwelt sind oft nur winzige Ärgernisse, die eben einen hohen Grad an Überwindung kosten.

Bei sich selbst bleiben

Der Weg sich selbst zu finden, bedeutet auch, dass Sie bei sich selbst bleiben. Sprich die Suche nach Eigenschaften, etc. in Ihnen selbst. Wenn Sie Stärke oder Mut suchen, sehen Sie in sich selbst nach. Nur dort werden Sie fündig werden. Auch wenn Sie diese Eigenschaften ein wenig aus sich herauskitzeln müssen. Was wäre das Schlimmste was Ihnen dabei passieren könnte? Natürlich nichts. Schlimmer ist es, wenn man die Suche in sich selbst nach Verbesserungen aufgibt und selbst alles so lässt, wie es ist. Insbesondere die Meinung anderer Menschen ist eine Gefahr für Ihr Selbstvertrauen. Hören Sie sich die Meinungen gerne an, jedoch lassen Sie sich nicht verbiegen, nur weil jemand Ihr Gesicht oder Ihre Frisur nicht mag. Vielleicht legen Sie sich ein neues Lebensmotto zu. Eines wie: „Solange mir keiner was tut oder mich nervt, können sie doch machen, was sie wollen." Jedoch sollten Sie auch beherzigen in einem guten Miteinander genauso zu ihren Mitmenschen zu sein.

Der Wille der freien Entscheidung ist noch jung. Allein wenige Jahrzehnte in die deutsche Geschichte zurückzugehen beweist dies. Vielleicht haben Sie Probleme mit Ihrer neu gewonnen Freiheit. Im Ruhestand ist es besonders schwierig urplötzlich die freie Zeit mit Dingen zu füllen, die nicht mit sinnlosem Fernsehen oder Ähnlichem gefüllt wird. Verlassen Sie den Gedanken daran, was andere über Sie denken könnten, denn unsere Fantasie ist in den meisten Fällen größer als die Wirklichkeit. Oftmals bildet man sich ein, dass etwas so sei wie wir es uns vorstellen. Als Beispiel können Sie zwei Nachbarn nehmen. Beide in verschiedenen Häusern. Jeder sieht den anderen und reimt sich seine Gedanken zusammen. Vielleicht hat einer der Nachbarn einen schönen Garten und der andere Nachbar reimt sich zusammen, was er dort so alles treiben könnte. Mit der Zeit nehmen diese Gedanken überhand und quälen ihn. Erfolgt dann eine Aussprache, ein Treffen zwischen beiden Nachbarn, löst sich das Missverständnis dann schlagartig auf. Genauso ist es bei jedem von uns. Vor allem Menschen, die besonders verträglich und neurotizistisch sind, interpretieren viel in solche kleinen Geschehnisse hinein.

Sich selbst Fragen stellen

Bereits im obigen Bereich haben Sie sich ausreichend Fragen gestellt und viel über sich selbst herausgefunden. Im Folgenden gibt es noch weitere Fragen, die die vorherigen Antworten noch ergänzen.

Was würden Sie tun, wenn Geld keine wichtige Rolle einnehmen würde?

Die Arbeitskraft eines Menschen bestimmt die Position und das Ansehen innerhalb einer Gesellschaft. Jedoch was wäre, wenn dies nicht mehr notwendig wäre? Wenn Sie genug Geld hätten und Ihre Zeit ohne Arbeit verbringen könnten?

Wenn Sie wüssten, dass Sie Erfolg haben werden, wie würden Sie reagieren?

Die Frage danach, wie wichtig Erfolg ist und was er bewirkt, wurde bereits in einer anderen Frage geklärt. In dieser Frage möchte ich Sie bitten, niederzuschreiben was Sie tun würden, hätten Sie wissentlich Erfolg. Würden Sie weiterarbeiten oder würden Sie es bevorzugen, mehr freizeitliche Aktivitäten oder gar schöpferischer Aktivitäten zu machen?

Welche Dinge würden Sie an Ihrem 80. Lebensjahr bereuen, wenn Sie diese in Ihrem Leben nie getätigt hätten?

Jeder von uns hat Wünsche und möchte Dinge erreichen. Diese haben Sie bereits ausgiebig niedergeschrieben. Nun nutzen Sie bitte Ihre Antworten und überlegen, was Sie unbedingt noch erledigen möchten. Und das bevor Sie das 80. Lebensjahr erreichen.

Ihre To-Do-Liste für Erlebnisse

Pinnen Sie Ihre Wünsche nach der Erfüllung von Erlebnissen an die Wand. Dies wird Ihnen helfen Stück für Stück einen Leitfaden, vor allem im Übergang vom Arbeitsleben in den Ruhestand, zu haben.

Energievampire finden

Jeder kennt sie, jeder hasst sie. Energievampire. Sie spüren die Anwesenheit eines Energievampirs in Ihrer Nähe, wenn Sie sich schwach und ausgelaugt fühlen. Kopfschmerzen oder Ähnliches verspüren und gleichsam Ihre Konzentration schwindet. Menschen, die selbst kaum in der Lage sind, eigene Kräfte zu mobilisieren, stehlen unbewusst anderen die Kraft. Etwas, was Sie unbedingt vermeiden sollten. Genauso verhält es sich mit Tätigkeiten. Entledigen Sie sich von den Dingen, die Ihnen Energie rauben. Nach einer kurzen Umgewöhnungsphase und ein paar netten Worten ist dies schnell und gut erledigt.

Welches Leben wünschen Sie sich und wie weicht Ihr momentanes Leben davon ab?

Hier kommen die bereits oben gestellten Fragen nach Veränderung zur Sprache. Nutzen Sie die Antworten daraus und stellen Sie einen Vergleich auf.

Kindheitsträume

Jedes Kind hat Träume, Träume, die stets bis ins Erwachsenenalter erhalten bleiben. Sogar bis ins hohe Alter hinein. Deswegen ist es so wichtig,

Kindheitsträume versuchen zu verwirklichen. Wenn Sie in Ihrem Arbeitsleben keine Zeit oder Kraft dafür hatten, in Ihrem Ruhestand haben Sie genug Zeit. Setzen Sie diese Träume auf Ihre To-Do-Liste.

Dinge, die Ihnen schon immer Spaß gemacht haben

Nun suchen Sie sich bitte aus Ihren Antworten die Dinge heraus, die Sie gerne tun. Dinge, die vielleicht schon seit Ihrer Jugend existent sind und die Sie viel zu selten praktizieren. Schreiben Sie diese Dinge auch auf Ihre To-Do-Liste. Streichen Sie aber die Dinge, die Sie nerven und für die Sie Ihr Interesse verloren haben.

Welche Dinge können Sie gut? Welche Merkmale Ihres Charakters sind existent? Und was sagen andere Personen über Sie, z.B. Freunde oder Familie?

Was andere Menschen über Sie denken, sollten Sie grundsätzlich weitestgehend ignorieren. Doch die Frage nach dem, was Sie wirklich können ist wichtig. Welche Charakterzüge Sie ausmachen ist gut zu wissen und dazu können Sie Ihre Mitmenschen befragen. Vielleicht können Sie gut mit Kindern umgehen und merken es nicht einmal. Oder Sie haben eine besonders charismatische Ausstrahlung und erfahren dies erst, wenn Ihnen jemand ein positives Feedback dazu gibt. Fügen Sie diese Informationen Ihren bisherigen Informationen hinzu und bauen Sie sie in Ihre Wunschliste mit ein. Denn eines der besten Dinge des Lebens ist Anerkennung für etwas, was Sie gut können.

Stellen Sie sich einen perfekten Tag vor. Sie können tun und lassen was Sie sich wünschen. Wie würden Sie verfahren?

Erneut stellt sich die Frage nach der Freizeit. Diese Frage ist besonders treffend für den Ruhestand. Dieser Tag spricht praktisch einen einzigen Tag Ihres Ruhestandes an. Nehmen Sie sich Ihre Liste zu Hilfe, wenn Sie Schwierigkeiten haben, etwas Passendes zu finden.

Dinge die Sie brauchen, um glücklich zu sein

Die Antworten darauf haben Sie schon notiert. Nun ist es an der Zeit, dies richtig auszuarbeiten. Nehmen Sie Aktivitäten und Dinge, die Sie entspannen, Ihnen Frieden geben und Ihnen Freude bereiten. Versuchen Sie jedoch stets, sportliche Aktivitäten einzubauen, selbst wenn Sie dies nur tun, um soziale Kontakte zu knüpfen.

Tägliche Gedanken

Bitte lassen Sie sich durch den Kopf gehen, was Ihnen in Ihrem Alltag durch den Kopf geht. An was denken Sie? Und wie oft? Nun schreiben Sie diese Gedanken bitte auf. All das, was Sie dort niedergeschrieben haben, spricht von Ihren wirklichen Wünschen. Wiederholen Sie dies so oft Sie wollen. Führen Sie evtl. auch ein Tagebuch.

Empfinden Sie gegenüber jemandem Bewunderung? Wenn ja, für wen?

Jeder Mensch hat ein Idol. Bereits seit der ersten Sekunde halten wir uns an Idolen und Vorbildern fest. Für die meisten sind es die Eltern, was logischerweise in der Kindheit und der Jugendzeit innerhalb der Entwicklung zugange ist. Aber auch andere Idole treten ins Leben. Heutzutage sind es viele Stars, ob es Schauspieler sind oder YouTube-Stars. Auch Sie können noch ein Idol haben. Vielleicht ist Ihr Idol schon verstorben, wichtig ist, dass Sie Ihr Idol kennen. Jedoch sollten Sie niemals blind Ihrem Idol folgen, denn Ihr Idol ist auch nur ein Mensch und macht Fehler. Entscheiden Sie kritisch und mit Verstand inwieweit Sie Ihrem Idol folgen wollen. Denn es ist nicht der Sinn von Helden und Idolen, dass man vollkommen so sein will, wie diese sind. Idole und Helden sollen helfen, das eigene Ich zu finden und die richtigen Moralvorstellungen zu vermitteln.

Wieso machen Sie gerade das, was Sie tun?

Diese Frage stellt sich für das aktuelle Geschehen. Damit soll bezweckt werden, dass Sie sich Gedanken darüber machen, ob das, was Sie tun, wirklich das ist, was Sie tun wollen. Vielleicht lesen Sie gerade ein Buch? Oder Sie bepflanzen Ihren Garten neu? Macht es Ihnen Spaß? Bitte schreiben Sie auch diese Antworten auf. Wenn Sie die Antworten all der Fragen niederschreiben, werden Sie es später einfacher haben, die Veränderungen durchzuführen. Zudem wird es sehr interessant werden, welche Interessen Sie vor einem Jahr, etc. hatten.

Nun ein kleiner Test, um wirklich herauszufinden, was Sie wollen: Bitte stellen Sie sich eine Szenerie vor, von der Sie glauben, dass diese Sie unglücklich macht. Stellen Sie sich bildlich vor, welcher Job, welche Hobbys, welche Freunde, etc. nicht zu Ihnen passen könnten. Haben Sie das geschafft, werden Sie schnell in Erfahrung bringen, welches Umfeld Sie sich wirklich wünschen.

Kapitel 7: Experimentieren Sie für Ihr Glück

Wie lernen Kinder? Kinder lernen durch Ausprobieren. In der Erziehungsarbeit ist zu beobachten, dass Kinder Ihre Neigungen und Interessen nicht nur von den Erwachsenen selbst abschauen, sondern auch den höchsten Grad an Neugierde haben. Sie stellen Fragen, bombardieren die Erwachsenen mit Wortschwallen und probieren sich aus. Je mehr etwas verboten ist, desto mehr wächst die Neugierde. Neugierde ist eine Eigenschaft, die Sie nie verlieren sollten. Wenn Sie etwas lernen wollen, versuchen Sie wie Kinder zu sein. Kinder lernen etwas, speichern es im Hinterkopf ab und haben praktisch wieder Platz für neues Wissen. Genauso ist es mit neuen Dingen, die sie ausprobieren. Dies ist so vielseitig, wie die Welt vielseitig ist. Dies geht über Essgewohnheiten, Umweltschutz, Kleidung, Hobbys und vielem mehr. Wie ist Ihr aktueller Tagesablauf? Welche Interessen haben Sie aktuell? Sind Sie neugierig auf neue Erfahrungen? Oder sind Sie eher eingeschüchtert, was neue Dinge und Erfahrungen angeht? Schüchternheit im Bereich des Experimentierens ist allerdings ein Bremsklotz. Stellen Sie sich nun die folgenden Fragen für sich selbst:

Fühlen Sie sich bitte in Ihren Alltag hinein, in Ihre aktuelle Tätigkeit, Ihre Moralvorstellungen, Beziehungen und Co. Wie fühlen Sie sich gerade mit diesem Ablauf? Sind Sie zufrieden, fühlt es sich gut an, dies zu tun? Gibt es vielleicht etwas, was Sie verändern möchten? In diesem Vorgang lohnt es sich, frühzeitig zu beginnen. Bereits in der Übergangsphase sollten Sie sich solche Gedanken machen. Als nächste Überlegung holen Sie sich bitte Ihre festgesetzten Ziele dazu. Haben Sie es sich vielleicht zum Ziel gemacht, anfänglich erst einmal Urlaub zu machen und auszuspannen? Was ist danach? Die ganze Zeit Urlaub zu machen wird auf Dauer langweilig und Sie werden den Reiz an Ihren Lieblingsurlaubszielen unter Umständen verlieren. Hier kommen Ihre notierten Lebensziele intensiv zur Sprache. Was möchten Sie erreichen? Vielleicht ist es etwas Kleines. Vielleicht ein Schwimmkurs, oder das Renovieren Ihres Wohnzimmers. Die Renovierung, die Sie jahrelang aufgeschoben hatten, nur weil Sie zu viel zu tun hatten. Oder wollen Sie soziale Verantwortung übernehmen und sich um benachteiligte Kinder im ehrenamtlichen Dienst kümmern? Selbst kleinste Ziele, wie selbstständig den eigenen Alltag zu verändern, sind extrem wertvoll. Bedenken Sie bitte, dass selbst solch winzige Veränderungen Mut brauchen. Selbst der vermehrte Verzehr von Obst und Gemüse fordert Opfer ein, die Sie bereit sein müssen, zu bringen. Das Beschreiten des Weges, um Ihr Ziel zu erreichen, erfordert oftmals viele Experimente. Überraschungen lauern hinter jeder Ecke und Sie werden stets überrascht werden, welche Windungen der Lebensweg mit sich bringt.

Entscheidungen zu treffen und zu handeln ist ein mutiger Schritt für jeden. Ein Kind das Laufen lernt ist stets ein Highlight für die Eltern, selbst wenn es nur eine Sekunde kurz steht. Genauso sollten Sie Ihren Alltag gestalten. Mit kleinen Veränderungen, die wachsend größer werden. Fangen Sie zunächst damit an, ein Buch zu lesen, ein einfaches Rätsel zu lösen oder stellen Sie sich an den Herd und machen Sie sich eine Gemüsepfanne. Tun Sie dies öfter, werden Sie Gefallen daran finden und werden es womöglich zur Routine werden lassen. Selbst wenn Sie einen schwierigen Traum aus Ihrer Kindheit haben. Beispielhaft ist eine Radtour um die Welt, dann setzen Sie sich auf Ihr Rad und fahren Sie jeden Tag ein wenig länger. Irgendwann werden Sie soweit sein und den Mut fassen, lange Strecken zu fahren.

Ein interessanter Ausflug in die Wissenschaft zeigt, im Max Planck UCL Centre for Computational Psychiatry and Ageing Research in London, dass Glück durch Gleichheit entsteht. Die eigene Situation bestimmt das Glück einer Person. Hierbei ist es natürlich, dass der Mensch sich an anderen Menschen orientiert, deren Glück analysiert und sich überlegt, ob er glücklich ist. Der Vergleich mit anderen Personen jedoch ist nur begrenzt gut für die eigene Einschätzung. Selbstverständlich muss ein Vergleichssubjekt existent sein, doch dieses darf mit seinem Glück das eigene Glück nicht so intensiv beeinflussen, dass das eigene Glück als zu wenig oder zu schlecht angesehen wird. Dabei nehmen Einflussfaktoren wie Geld, Familie und Berufserfolg eine wichtige Position ein. Freunde, Nachbarn und Familie sind die sozialen Faktoren, die die Zusammengehörigkeit fühlen lassen und damit erst den Vergleich anderen gegenüber möglich machen.

Doch auch unabhängig von sozialen Kontakten neigt der Mensch stets dazu, sich mit anderen zu vergleichen. Sein Glück zu testen und seinen Erfolg an erfolgreicheren Personen zu prüfen. Oft entstehen dadurch Eifersucht und der Wunsch, es zu verbessern. Doch ist das immer gut? Oftmals ist es besser, das eigene Glück einfach zu genießen und die Eifersucht wegzudenken. Im Max Planck UCL Centre for Computational Psychiatry and Ageing Research in London wurde ein Test durchgeführt, der als Werkzeug dienen sollte, das Glück von Menschen zu testen. Dazu gab es eine Testreihe an 47 Personen, die keinerlei Kenntnisse voneinander hatten.

Der Test umfasste das Glücksspiel, welches das Erfassen von Empathie hervorbringen sollte. Anfänglich wurden die Testpersonen angehalten, in kleinen Gruppen ein Glücksspiel zu spielen, bei welchem der finanzielle Anreiz existent war. Im Testverfahren dieser ersten Spiele bekamen alle Subjekte mit, wer verloren hatte und wer gewonnen hatte. Dazu kam, dass alle Probanden in regelmäßigen Abständen die Frage gestellt bekommen hatten, ob sie glücklich seien. Hierbei kam heraus, dass die Testpersonen, welche den Sieg davongetragen hatten, sehr glücklich seien. Allerdings waren sie noch glücklicher, als sie mitbekommen hatten, dass ihren es Partnern genauso ergangen war. Im umgekehrten Fall trat dieses Verhalten gleichermaßen auf. Die Personen, die verloren hatten, waren froh, dass sie nicht allein verloren hatten. Sie trösteten sich praktisch damit, dass andere auch verloren hatten, was sie wiederum glücklicher machte. Ein Fakt, der aus diesem Ergebnis resultiert, ist, dass der Mensch durchschnittlich nicht so glücklich ist, wenn er mitbekommt, dass jemand anders weniger oder mehr erhält. Natürlich ist dies unterschiedlich von Person zu Person, doch dies legt den Grundstein dessen, dass der Mensch als soziales Wesen sehr auf Gleichheit und das Wohl des anderen konzentriert ist. Eine moralische und soziale Einstellung, die unterschwellig geschieht und das seit der

Evolution.

In Bezug auf die Gewinner gibt es dennoch eine weitere spannende Erkenntnis. Denn der Gewinner sollte im Testverfahren anonym einen Geldbetrag mit jemand anderem teilen. Dabei kam heraus, dass die Personen, die gewonnen hatten, durchschnittlich 30 Prozent des Geldes abgegeben hatten, sobald sie mehr erhalten hatten als alle anderen. Menschen, welche zwar gewonnen hatten, jedoch weit weniger hatten, wollten nur zehn Prozent davon abgeben, trotz der Tatsache, dass jeder dieselbe finanzielle Summe erhalten hatte.

Auch fanden die Forscher heraus, dass Neid und Schuldgefühle maßgeblich die Großzügigkeit des Menschen beeinflussen. Somit wurde ein direkter Zusammenhang von Großzügigkeit und Ungleichheit gefunden. Beim Teilen der Geldbeträge konnten die Forscher erkennen, dass Neid, aber auch Schuldgefühle, eine intensive Rollenzuweisung erhalten hatten. Während die Gewinner der höheren Großzügigkeit frönten, hingen die Verlierer dem Neid hinterher und hamsterten einen Großteil ihres Gewinnes. Forscher erhoffen sich, mit speziellen Aspekten, die Gleichgültigkeit gegenüber den Problemen und dem Leiden anderer Personen mit höherem Verständnis entgegentreten zu können.

Kapitel 8: Kritik und Selbstbewusstsein im Ruhestand

Kritik und Selbstbewusstsein werden stets in einem Satz erwähnt. Die Stärkung des eigenen Selbstbewusstseins ist nicht nur eine Sache von Kindern und deren Entwicklung. Die Kombination von Selbstbewusstsein und Kritik zieht sich durch das ganze Leben. Beginnend bei den Kindern, ist zu beobachten, dass Selbstbewusstsein eine natürliche Sache ist. Selbstbewusstsein sollte allerdings in einer angemessenen Menge erhalten bleiben und nicht im wachsenden Alter absinken.

Von Erfahrungen geprägt, von Schicksalsschlägen gebeutelt und vom Perfektions- und Leistungsdruck der gesellschaftlichen Ansprüche gezwungen, stets sehr gute Leistungen zu bringen, bilden starke Widersprüche gegenüber einem gesunden Selbstbewusstsein. Dabei verwundert es nicht, dass es Kurse zur Stärkung des Selbstbewusstseins wie Sand am Meer gibt. Kritik und negatives Feedback sind in jeder Lebenslage der dauerhafte Feind des gesunden Selbstbewusstseins. Und nicht nur Kinder machen solche extremen Erfahrungen und Entwicklungen durch. Meistert man im Erwachsenenalter eine Aufgabe und stößt auf starke Kritik, muss derjenige eine eigene Stärke mitbringen, die Berge versetzen könnte.

Dazu kommt, dass mit der Entwicklung und dem Heranwachsen genau dieses Verlangen nach Perfektion innerhalb der Gesellschaft eingefordert wird. Was dazu führt, dass diese Denkweise auch in den Köpfen der Betroffenen existent bleibt, und das, bis an deren Lebensende. Somit wird deutlich, dass insbesondere der Weg in den Ruhestand schwerer wird. Einfach weil die Gesellschaft auf Leistung und Perfektion ausgelegt ist. Derjenige, der nicht leistungsfähig ist, wird zwangsläufig diskriminiert oder schief angesehen. Ein Blick auf Japan beweist dies. Lange Arbeitszeiten, wodurch die Menschen krank werden, weil sie niemals jemand anderen

Arbeit aufdrücken wollen. Auch wenn Japan eine der schönsten Kulturen der Welt ist, ist die Sterberate durch Überarbeitung noch immer zu hoch. Dazu kommt auch noch, dass Mitarbeiter in Japan, haben sie keine gute Leistung aus ihrer Sicht erbracht, in Depressionen verfallen und sich schämen.

Kritik ist etwas, was im menschlichen Unterbewusstsein automatisch produziert wird. Und Selbstbewusstsein nimmt in der Psychologie einen eigenen Stellenwert ein. Selbstbewusstsein wird praktisch im allgemeinen Verständnis so begriffen, dass Selbstbewusstsein stets ein aufgeblasenes Ego ist. Jedoch, wenn Sie die Bedeutung des Wortes, ohne jegliche soziale oder andere Bedeutung miteinbeziehen, werden Sie schnell erkennen, dass Selbstbewusstsein aus den Begriffen „selbst" und „bewusst" gebildet wird. Es ist lediglich ein bestimmter und erstrebenswerter Zustand des eigenen Seins. Damit werden sowohl die eigenen Stärken als auch die eigenen Schwächen einer Person verknüpft. Das Bewusstsein über die eigenen Fähigkeiten, beispielsweise Führungsfähigkeiten oder über die eigene Kreativität, muss einem selbst bekannt sein. Andere Menschen werden diese Fähigkeiten niemals oder kaum hervorheben und anerkennen. Eine ganz besondere Form von Selbstbewusstsein ist es, seine eigenen Schwächen anzuerkennen und benennen zu können. Zu sagen „Ja, ich bin ungeduldig.", oder zu sagen „Nein, ich kann das nicht, weil ich ein Problem mit dem Rücken habe.", wird als anerkennend stark angesehen.

Wenn jemand von sich selbst behauptet, er oder sie habe keinerlei Schwächen oder schlechte Eigenschaften, dann ist dieser Jemand immer ein Lügner. Denn es gibt keine Person auf der Welt, die fehlerfrei ist. Somit sind Menschen, die ihre Schwächen verstecken die schwachen Personen, nicht diejenigen, die ihre Schwächen klar benennen können. Noch besser und gewinnbringender ist es, die eigenen Schwächen zu einer Stärke zu machen. Wie es in vielen Bewerbungsbüchern angepriesen wird. Dies geschieht nicht ohne Sinn und Verstand. Wenn Sie in der Lage sind, Ihre Ungeduld so zu verpacken, dass Sie einen Vorteil daraus ziehen können, sind Sie ein Meister darin, sich fast ganz selbst zu kennen. Fast in dem Sinne, weil kein

Mensch auf der Welt sich vollständig kennt. Die Psyche und die Seele des Menschen sind so wie das weite Universum. Die dunkle, geheimnisvolle Materie nimmt einen Großteil dessen ein und nur ein winziger Teil ist uns selbst über uns bekannt. Natürlich gibt es Methoden diese Bereiche zu erkunden. Dazu kann man Hypnosen durchführen oder durch einen Priester oder Ähnliches in eine Art spirituelle Trance versetzt werden, um in seiner eigenen Seele, seiner eigenen Psyche umherzuwandern.

Selbstwahrnehmung differenziert sich je nach Wahrnehmung der jeweiligen Person selbst. Zudem beeinflusst die Ansicht und der Einfluss von anderen Personen die eigene Selbstwahrnehmung. Die meist vollkommen eigene Ansicht von Selbstbewusstsein wird hauptsächlich mit einem Konflikt in Verbindung gebracht. Ein Zusammenstoß, der innerhalb des einen Ichs stattfindet. Und gleichsam mit der Außenwelt in Verbindung steht, sprich durch ein außenstehendes Ereignis ausgelöst wird. Dies geschieht nicht nur durch Ereignisse, die Entscheidungen einfordern, sondern auch durch die verschiedenen individuellen Moralvorstellungen, die aufeinandertreffen.

Tagtäglich erlebt jede Person Widersprüche in sich selbst. Sei es durch die individuellen Moralvorstellungen, oder gar durch die Umwelt selbst, die diese Veränderungen herausfordert. Meist jedoch sind es die eigenen Wertvorstellungen, die die innere Spaltung verursachen. Was bedeutet, dass das eigene Ich der Feind des eigenen Selbstbewusstseins ist. Der erste Schritt im Umgang mit Kritik ist also erst einmal mit dem eigenen Ich eine Einigung zu finden. Und dies stets aufs Neue. Wie oft haben Sie sich gedacht, Sie seien nicht gut genug? Eine Frage, die man ich sich selbst zu oft stellt. Wenn Sie darüber nachdenken, kommen Sie darauf, dass die Gesellschaft mit ihren Moralvorstellungen, die für das Ansehen einer Person verantwortlich sind, dies zum Großteil bezwecken. Anfänglich sind das sogar kleinere Missgeschicke, wie das Vergessen von Milch beim Einkaufen oder Ähnliches. Dann fragt man sich selbst, wie man nur so dumm sein konnte, die Milch beim letzten Einkauf zu vergessen. Die menschliche Psyche reagiert sehr schnell auf positive und auch auf negative Energien.

Negative Erfahrungen fühlen sich doppelt so schwer an und es erfordert mindestens das gleiche Maß an Kraft, um der eigenen inneren Kritik entgegenzutreten. An der Wake Forest University in Winston-Salem in den USA, wurde in Erfahrung gebracht, dass Menschen, die besonders dem Selbstmitleid verfallen, leichter mit negativen Ereignissen und Erfahrungen umgehen können als andere Personen. Innerhalb eines der Testverfahren wurde erkannt, dass Menschen mit einem hohen Selbstwertgefühl bei der Vorstellung einen wichtigen Kampf zu verlieren, höher niedergeschlagen waren als andere, die den Verlust bereits erwartet hatten. Für Menschen, die es anwidert in Selbstmitleid zu baden, gibt es drei mögliche Tipps und Tricks, wie dieser Umgang mit Kritik gemeistert werden kann. Jedoch sind Missgeschicke dazu da, um zu lernen und dadurch ein gesundes Selbstbewusstsein auszubilden. Denn aus Fehlern zu lernen ist eine der stärksten Lehrerfahrungen, die ein Mensch erleben kann. Dinge, die der Mensch in solchen Erfahrungen gelernt hat, bleiben stets im Speicher. Deswegen ist der Umgang mit Kritik so wichtig. Denn Kritik nimmt genau an diesem Punkt eine wichtige Rolle ein, nämlich dass die Fehler generell erkannt werden und auch eine Verbesserung umgesetzt wird.

Kritik sollte als eine Spiegelreflexion funktionieren. Keiner mag Kritik. Sie drückt die eigene Psyche und Stimmung hinunter und erinnert stets an die eigenen Fehler. Die Achtsamkeitsforschung brachte hervor, dass blinde Flecken der Selbstwahrnehmung in jedem Menschen vorhanden sind. Aus der Fremdperspektive heraus wird damit ein Lernvorgang in Gang gebracht, wodurch sich existente Wesenszüge eines Menschen zum Besseren verändern können. Dabei sollte stets beachtet werden, dass die grundlegende Denkweise praktiziert werden sollte, dass fast alle Wesenszüge neutral sind. Moralisch gesehen gibt es immer negative Wesenszüge, die in jeder Gesellschaft verurteilt werden. Meistert eine Person die Differenzierung dieser Wesenszüge für sich selbst, entsteht die Akzeptanz des eigenen Ichs. Fehler werden als positiver Wert zur Veränderung betrachtet oder schlichtweg als charmant erachtet. Bei Letzterem sind es eher Eigenschaften und Angewohnheiten, die jeden Charakter einzigartig machen und den Alltag bereichern. Kritik ist damit ein guter Helfer, um mit sich selbst ins Reine zu kommen und zu lernen, sich selbst so zu nehmen, wie man ist. Aber auch Mut gibt zur Veränderung, falls man mit sich selbst nicht zufrieden ist.

Das Einfordern von Kritik fordert viel Mut ein. Es ist immer die passende Situation zu bewerten. Richtig Feedback geben wird in vielerlei Kursen angeboten und verletzende und/oder persönliche Kritik sollte schlichtweg einfach überhört werden. Wollen Sie sich Ihren Dämonen stellen, dann bitten Sie andere Menschen um ein ehrliches Feedback. Damit nehmen Sie anderen Personen den Wind aus den Segeln und müssen keine Angriffe mehr auf Ihr Selbstbewusstsein befürchten. Nicht umsonst wird die Fähigkeit zur konstruktiven Kritik in allen Lebenslagen gefordert, insbesondere im Beruf ist die unausgesprochene Forderung stets existent.

Wenn Sie Kritik hören, sollten Sie diese auch aufnehmen. Um Feedback zu bitten und nicht zuzuhören ist ein Auslöser für starke Handlungsimpulse. Eine einfache Situation, dass ein Familienmitglied ständig die Socken auf dem Bett liegen lässt und dies stets weiter so handhabt, während Sie mehrmals darauf hingewiesen haben, ist der Beweis, dass solche kleinen Ärgernisse zu wahren Problemen werden können. Wenn Sie einen Kritikpunkt nicht ganz begreifen können, dann fragen Sie bitte nach. So zeigen Sie Ihrem Gegenüber, dass Sie daran interessiert sind und können Ärgernissen und Konflikten aus dem Weg gehen. Selbst wenn Sie dies nie ändern würden, würden Sie zumindest den Mut beweisen, es offen und direkt zu sagen, dass Sie diese Eigenart an sich mögen. Auf diesem Weg schaffen Sie es meistens, Kritik konfliktfrei auszuweichen.

Diese Wege zu nutzen ist auch im Ruhestand sinnvoll. Als Beispiel wählen Sie bitte Frage 3 aus Kapitel 2 aus. Dort geht es um den Vorfall in der Bahn, indem ein geschäftiger Mann aus dem Büro kommt und Sie der Faulheit bezichtigt. Bitte nutzen Sie diese drei Tipps, um zu überlegen, wie Sie nun mit dieser Situation verfahren.

Kapitel 9: Wie Ihnen Aufgaben helfen sich zu motivieren

Während Ihres bisherigen Berufslebens oder Ihrer Erziehungsarbeit waren Sie stets beschäftigt und hatten das Gefühl, gebraucht zu werden. In einer Gemeinschaft ist das Gefühl gebraucht zu werden immer ein wichtiger Faktor für die eigene Psyche. Beginnt dann der Ruhestand, stehen Sie vor der Frage, wie es nun weitergeht. Die Frage, ob Sie von jemandem gebraucht werden, kommt unweigerlich in Ihrem Bewusstsein auf.

Vielleicht haben Sie Enkel und passen als großelterlicher Teil auf die Kinder auf. Oder Sie unterstützen Ihre Familie mit Ihren Fähigkeiten, den Haushalt zu führen, während der Rest der Familie bildenden oder monetären Tätigkeiten nachgeht. Doch was ist, wenn Sie wissen, dass Sie irgendwann nicht mehr in dem Ausmaß gebraucht werden, wie es sonst immer der Fall gewesen war? Die Frage, was Sie mit Ihrer Zeit anfangen, sobald Sie den Ruhestand haben, sollte daher von vornherein geklärt werden. Haben Sie eine liebende Familie, sprechen Sie zeitig mit Ihrer Familie darüber. Sicherlich gibt es Möglichkeiten, sich dort noch in einem bestimmten Maß einzubringen. Soziale Kontakte sind ein weiterer wichtiger Punkt, den Sie niemals vernachlässigen sollten. Denn dadurch werden Sie immer wieder Menschen treffen, die Ihnen helfen werden, sich gebraucht zu fühlen.

Treten Sie und Ihr(e) Partner(in) gemeinsam in den Ruhestand, ist es zudem sehr schwierig, weil Sie eben durch diesen Übergang erst lernen müssen, die Partnerschaft anders zu gestalten. Menschen, die den Übergang in den Ruhestand nur schwer geschafft haben, fallen oftmals in ein tiefes Loch. Dabei lassen sie nichts an sich heran. Keinerlei gute Ratschläge, keinerlei Hilfe und Ähnliches. Von außen betrachtet ist es für Angehörige schwer zu begreifen, wenn ein Ruheständler, der gerade in den Ruhestand gegangen ist, sich nicht um die Dinge kümmern kann, die er gerne tut. Angehörige erschrecken sich dadurch und können ebenfalls in ein seelisches

Tief fallen, da sie nicht wissen, wie sie helfen sollen und können. Dabei freuen sich Ihre Angehörigen für Sie, dass Sie endlich Zeit für Ihre Hobbys finden. Nach der anfänglichen Traurigkeit und Verwirrung kommt dann die Wut hoch. Das Ärgernis darüber, dass Sie sich gehen lassen und scheinbar auf irgendetwas warten. Dabei werden Sie auch aufgefordert, wenigstens Kleinigkeiten zu tun. Und sei dies nur die Waschmaschine zu füllen oder den Suppentopf zu beaufsichtigen.

Dieser Aufschrei ist dabei eine große Hilfe, leben Sie in einer Partnerschaft oder in einer familiären Verbindung. Bedeutsam dabei ist, dass Sie sich Ihr Selbstwertgefühl, Ihr Gefühl gebraucht zu werden, wieder zurückholen, indem Sie eben kleinere Arbeiten machen. Wie das Unkraut jäten, den Garten zu wässern und vieles mehr. Diese kleineren Tätigkeiten helfen, den Übergang gut zu meistern und endlich Ihre freie Zeit zu genießen. Die Unterstützung Ihrer Freunde und Familie ist dabei unglaublich wichtig. Gehen beide Partner in den Ruhestand, muss eine Regelung gefunden werden, wie man miteinander verfährt. Denn wenn beide Partner sich auf der Pelle sitzen, werden sie sich irgendwann nerven. Hier hilft es beispielsweise einfach einmal Urlaub zu machen, allein oder mit einer bekannten Person. Es ist wichtig, alle Bedürfnisse auch im Ruhestand unter ein Dach zu bringen und dafür zu sorgen, dass Harmonie herrscht.

Ein Fakt dabei ist es, dass Männer sich nutzloser fühlen, gehen Sie in den Ruhestand. Denn das Geld ins Haus zu bringen war vor nicht allzu langer Zeit stets die Aufgabe des Mannes. Der Mann hat aus Evolutionssicht noch immer zum Großteil die Aufgabe, die Familie zu beschützen und zu versorgen. Dabei übernimmt die Frau die eigentlich starke Rolle, indem sie hinter ihrem Mann steht und die Geschicke von innen her lenkt. Damit gibt sie ihm das Gefühl, dass er die Aufgabe hat, die Familie zu versorgen, während sie sich ihr Zepter nicht aus der Hand nehmen lässt. Auch haben Männer im Ruhestand weniger Freunde, während es dem weiblichen Geschlecht wesentlich einfacher fällt, neue Menschen kennenzulernen. Je mehr Sozialkontakte existent sind, desto größer ist die Freiheit.

Ehrenamtliche Tätigkeiten

Ehrenamtliche Tätigkeiten zu übernehmen ist eine der vielfältigen Varianten. Eine Variante, in der Sie nicht nur neue Menschen kennenlernen und damit mehr Freiheit erlangen, sondern auch das Gefühl erhalten, gebraucht zu werden. Der Ruhestand ist keine nervige Erkrankung, sondern ein Lebensabschnitt, den es gilt zu bewältigen. Es ist wie das Leben in einem anderen Land. Die Umstellung an eine neue Kultur ist ein nahezu gleicher Ablauf, wie der Gang in den Ruhestand. Und anderen Menschen zu helfen, ärmeren Menschen zu helfen, ist eine Aufgabe, die der Seele große Befriedigung gibt.

Erreichen Sie Selbstmotivation

Eine psychologische Einschätzung von Selbstmotivation ist es zum einen, dass dabei der eigenständige Drang gemeint ist, der zur Erreichung der Ziele benötigt wird, aber auch zwecks der Selbstverbesserung. Im selben Zuge ist die Hingabe für persönliche Ziele, als auch die Bereitschaft, die Initiative zu ergreifen und dabei Chancen anzunehmen, die die gewünschten Ziele erfüllen. Ebenso ist laut psychologischer Einschätzung auch ein starker Optimismus notwendig, und dies trotz Rückschlägen.

Die Erinnerungen an Lebenssituationen, in welchen man persönliche Erfolge verzeichnen konnte, liefern eine Menge Motivation. Situationen, in welchen Sie keinerlei Interesse an einem Thema hatten, es jedoch erfolgreich abgeschlossen hatten. Oder Situationen in welchen Sie einem Familienmitglied oder einem guten Freund aus einem Problem geholfen haben und vieles mehr. Der Wunsch nach Erfolg ist in einer engen Verbindung mit Motivation. Motivation wird in Unternehmen als wichtiges Kriterium angesehen, um Firmenziele zu erreichen. Dazu gibt es sogar seit geraumer Zeit Tipps und Tricks für Arbeitgeber, die Motivation der Mitarbeiter zu steigern. Eben um einfach noch mehr Leistung und wirksame Ergebnisse zu erhalten. Klassiker für Motivation sind sportliche Wettkämpfe, z. B. wenn Sie in einem Verein spielen und vor einem wichtigen Wettkampf stehen. Natürlich sind Sie nervös, wollen aber gewinnen, weswegen Sie sich

Motivation an allen möglichen Stellen suchen. Positiver Zuspruch von außen, sprich von Ihrem Umfeld, fördert die von innen gesteuerte Motivation. Was wiederum die Basis für persönliche Interessen, als auch Leidenschaften einnimmt.

Nehmen Sie sich bitte noch einmal Ihre Notizen aus den oben gestellten Fragen zur Hand. Sehen Sie sich an, was dabei für Sie herausgekommen ist. Wie finden Sie, ist Ihre Motivation bei Ihren Hobbys? Würden Sie Ihre Hobbys noch leben, wenn Sie kaum oder keine Motivation dafür mehr hätten? Sicherlich nicht. Sie sehen, Motivation ist die Basis für Ihre Herzenswünsche. Bezüglich der Motivation, die von außen steuert, gehören natürlich die Menschen und Ihr Umfeld um Sie herum. Wie leben Sie gerade? Leben Sie in Armut und möchten Sie Ihre Rente aufbessern? Es ist nicht ungewöhnlich, trotz aller mühseliger Vorbereitungen, in die Spirale der Altersarmut zu fallen. Die immerwährende Wechselwirkung zwischen unserem sozialen und gesellschaftlichen Umfeld und unserem eigenen Inneren sorgt für ein empfindliches Gleichgewicht.

Oftmals ist dieses Gleichgewicht allerdings aus der Waage gekommen. Insbesondere dann, wenn in der modernen Zeit Geld und Arbeit den Wert des Menschen bestimmen. Dabei überwiegt der Faktor Arbeit und Beruf und viele sprechen nur noch über ihre Arbeit. Etwas, was bei persönlichem Kennenlernen auf Dauer wirklich lästig und abschreckend wirkt. Dabei sinkt der Teil der Waage, auf dem das Privatleben hängt, ungesund ab. Womit nicht mehr ausreichend die privaten und ausgleichenden Aktivitäten abgedeckt werden, die notwendig sind um das körperliche, seelische und das geistige Gleichgewicht zu erhalten. Das Maß, um die Waage im Gleichgewicht zu halten und damit berufliche und private Faktoren gleichermaßen gleichzustellen, bringt praktisch die passende Selbstmotivation hervor. Ist die Waage perfekt für eine gute Selbstmotivation, ist das Gefühl existent, selbsterfüllter, sowie glücklicher zu sein.

Dazu gibt es drei Antriebselemente, die als Hauptelemente fungieren. Eben um die eigene Selbstmotivation zu meistern. Hohe Zufriedenheit aus dem höchsten Maß an Selbstmotivation zu holen ist unterteilt in die folgenden drei Bereiche:

Die Frage, warum Aufgaben erledigt werden, ist oftmals nur eine Frage des **Zwecks**. Je nachdem inwiefern der Zweck motiviert, wird die Aufgabe liebevoll oder eher lieblos erledigt. Nehmen Sie nur einmal an, Sie haben eine Arbeit, die Sie nicht mögen. Ständig müssen Sie nur Papiere einsortieren, während Ihre Kollegen die spannenden Aufträge bekommen. Sie wissen, wozu das Einsortieren der Papiere ist, haben jedoch einen eher negativen Bezug dazu. Motivation hängt damit auch sehr mit der Freude an etwas zusammen. Sie machen dieses Einsortieren beispielsweise nur, um Ihre Miete bezahlen zu können und nicht, weil Sie diesen Job so sehr mögen. Würden Sie jedoch die spannenden Tätigkeiten erledigen dürfen, hätten Abwechslung und wirklich Freude an Ihrer Arbeit, wären Sie schneller am Ziel Ihrer Wünsche angekommen, als Sie je vermutet hätten.

Entscheiden Sie selbst darüber, wie Ihr Leben verläuft? Wie weit werden Sie gesteuert? Damit ist nicht die klassische Gesetzgebung gemeint, die ohne Zweifel starken Einfluss auf Ihre Handlungen hat. Oder die moralischen Voraussetzungen einer Gesellschaft, die als ungeschriebene Gesetze in fast jedermanns Kopf verankert sind. Es geht vielmehr darum, dass Sie sich nicht von Ihrem Umfeld so stark beeinflussen lassen, dass Sie zu oft nach der Pfeife von anderen Personen tanzen. Die Entscheidung, inwieweit Sie Ihr Leben bestimmen, hängt vor allem vom Beruf und Ihrem sozialen Umfeld ab. Die sog. **Autonomie**, die Ihr Leben und das all Ihrer Mitmenschen bestimmt, sollte auf gesetzliche, moralische und gesellschaftliche Strukturen beschränkt bleiben. Und einfach nur dazu da sein, Gefahren abzuschirmen und ein gewisses Maß an Sicherheit zu bekommen.

Welche **Fortschritte** haben Sie in den letzten Tagen, Wochen, Monaten oder Jahren gemacht? Das sich allein durch den Kopf gehen zu lassen bringt schon einen großen Bonus an Motivation. Wie fühlen Sie sich, wenn Sie einen wichtigen Schritt in Ihrem Leben gemeistert haben? Glücklich? Erfolgreich? Unglaublich erleichtert? Genau diese Gefühle hat ein Spitzensportler, der seinen Sieg in der Meisterschaft ausgetragen hat und diesen nun ausgiebig genießen kann. Siege und das Erklimmen der Leiter in eine bessere Wahrnehmung haben einen fördernden Charakter in Bezug auf Ihre eigene Motivation.

Im Nachfolgenden finden Sie Tipps, die Ihnen helfen können, sich selbst zu motivieren. Tipps und Tricks, die Ihnen helfen, Ihre Ziele zu verwirklichen.

Trick 1:

Die Bedürfnispyramide nach Maslow ist jedem bekannt. Aufgebaut auf den menschlichen Bedürfnissen werden zunächst die Grundbedürfnisse ganz unten aufgelistet. Nämlich Luft, Wasser, Essen, Trinken, Schutz, Kleidung, etc. Gefolgt von der nächsten Ebene der Sicherheit und der Geborgenheit. Danach kommen soziale Bedürfnisse, Wertschätzung, sprich Selbstvertrauen, Erfolg, etc. und als letztes die Selbstverwirklichung. Darunter fällt auch die Kreativität, diverse Problemlösungen, etc. Nehmen Sie Ihre eigenen Bedürfnisse und schreiben Sie sie in eine leere Pyramide neben die Orginalpyramide. So werden Sie schnell erkennen, welche Bedürfnisse Sie wirklich haben.

Trick 2:

Sie kennen es von jedem Berufszentrum. Ständig tauchen dieselben Fragen auf. Welche Stärken haben Sie? Welche Schwächen haben Sie? Und wie schätzen andere Sie ein? Etc. Auch wenn diese Fragen ständig praktiziert werden, haben sie ihren Sinn. Ihre Fähigkeiten basieren auf genau dieser Erkenntnis. Wenn Sie sich selbst fragen, was Sie mit Ihrem Leben anfangen sollten, dann ist es immer gut zu wissen, was Ihre wahren Fähigkeiten sind.

Trick 3:

Formulierte Ziele inkl. einer Belohnung zur Erreichung der Ziele, ist Balsam für die Seele. In der Harvard University wurde eine Studie durchgeführt, die ergab, dass 84 Prozent aller Befragten keinerlei Ziele niedergeschrieben hatten und 13 Prozent eine Zielvorgabe hätten, diese jedoch niemals schriftlich niedergeschrieben hatten. Der Rest von drei Prozent führte Buch über die angestrebten Ziele. Nach einer Zeitspanne von etwa zwei Jahren kam hervor, dass diejenigen, die Ihre Ziele notiert hatte, das 10-Fache Einkommen als die anderen hatten. Das Notieren der Ziele, auch die gemeinsamen Ziele, kann aufgeschrieben einen hohen Wert an Motivation mit sich bringen.

Trick 4:

Das Bewusstsein für den Sinn einer Tätigkeit stets vor Augen führen, ist einer der wichtigsten Schritte im Bereich der Selbstmotivation. Die Frage nach einem Ziel, vor allem einem Ziel, welches langwierig ist, hält den Fall in ein Motivationstief ab. Selbst der Schritt aus einem Motivationstief ist noch mit Hilfe dieses Tricks zu bewältigen.

Trick 5:

Motiviert bleiben durch neue Lerninhalte ist ein äußerst spannender Aspekt. Durch verschiedene Interessen und Erfahrungswerte fällt es dem einen leichter, über trockenere Themen zu reden und zu schreiben, während der andere lieber in kreativeren Berufen tätig ist. Sich weiter zu bilden, um sich dem aktuellen Wissenstand annähernd anzupassen, bzw. sich einfach selbst zu motivieren ist ein funktionaler Schritt im Bereich der Selbstmotivation.

Trick 6:

Seien Sie immer kreativ. Kreativität ist ein Zeichen von Motivation und verläuft wie in einem Kreislauf. Stellen Sie sich bitte einmal vor, Sie sitzen den ganzen Tag in einem Büro und müssen sich um Aktenberge kümmern. Dann kommen Sie heim und sind gezwungen sich um wiederum langweilige Verpflichtungen zu kümmern oder sind schlichtweg einfach zu müde, um etwas kreatives zu erledigen. Nehmen Sie sich bitte nur eine viertel Stunde pro Tag Zeit und versuchen Sie, etwas Kreatives zu erschaffen. Vielleicht nehmen Sie Ihren Nähkorb oder Ihr Stickzeug hervor. Oder Sie malen, schreiben oder musizieren etwas. Lassen Sie sich nicht von unbefriedigenden Ergebnissen beeinflussen. Es geht darum, Ihren kreativen Flow zu finden.

Tipp 7:

In den anderen Kapiteln haben Sie zur Genüge gehört, dass eine To-Do-Liste für Ihre Träume ein gutes Hilfsmittel ist. Beherzigen Sie dieses Mittel zum Zweck auch für die tägliche Motivation. Sie werden merken, wie gut es sich anfühlt, wenn Sie einen Punkt auf Ihrer Liste abhaken können.

Tipp 8:

Machen Sie zuerst die Sachen, die Sie nicht so gern mögen. Dies hat den Hintergedanken, dass diese Dinge dann erledigt sind. Vielleicht rufen Sie das Finanzamt oder den Rechtsanwalt, etc. gleich an, nachdem Sie aufgestanden sind. Dann können Sie sich für den Rest des Tages auf die schönen Dinge konzentrieren. Ein großer Motivationspluspunkt.

Tipp 9:

Machen Sie fertig, mit was Sie angefangen haben. Nichts ist demotivierender, als liegengebliebene Aufgaben.

Tipp 10:

Fressen Sie Ihre Gedanken und Ideen nicht in sich hinein. Sprechen Sie mit jemandem darüber, holen Sie sich eine oder mehrere Meinungen darüber. Lassen Sie sich auch von so vielen Personen wie nur möglich Feedback geben. Feedback hilft Ihnen, sich zu orientieren. Lesen und lernen Sie die Regeln für Feedback und nehmen Sie dieses nicht als Kritik, sondern als Hilfe an.

Tipp 11:

Viele suchen, wenn sie sich auf die Suche nach einer neuen Firma für die Renovierung oder einen Arbeitsplatz machen, nach Bewertungen und

Erfahrungen. Diese sagen viel aus. Lassen Sie sich nicht von anderen täuschen und lesen Sie öfters Bewertungen von anderen Menschen. Beachten Sie aber bitte, dass es viele Fakebewertungen gibt, die Restaurants und viele andere Unternehmen und sogar Privatpersonen, im besseren Licht dastehen lassen. Diese Leute werden bezahlt. Sie erkennen solche Bewertungen z. B. an ihrer Allgemeinheit, an der Zeit, an der diese Bewertungen online gebracht werden und an der meist unpersönlichen Beschreibung. Meist sind bezahlte Bewertungen für Unternehmen immer zu einer bestimmten Uhrzeit geschrieben worden. Denn kein Dienstleister setzt sich hin und geht alle zehn Minuten oder in einem anderen unauffälligeren Zeitmuster an diese Tätigkeit.

Tipp 12:

Schimpfen oder tadeln Sie sich nicht dafür, etwas nicht so erreicht zu haben, wie Sie es sich gewünscht haben. Oftmals kommt einfach etwas dazwischen und Sie können Ihr Ziel wegen einer Kleinigkeit nicht erreichen. Doch dann denken Sie bitte nach, was Sie erreicht haben. Wenn Sie beispielsweise die Küche streichen wollten, doch Probleme mit dem Abmachen der Tapete hatten, klopfen Sie sich auf die Schulter, dass Sie die Tapete so gut wegbekommen haben. Und das trotz der Widrigkeiten des Materials. Kleine Schritte sind ein starker Motivationsfaktor und sollten daher niemals unterschätzt werden. Ein kleines Lob, das Sie erhalten, oder selbst geben, wird Ihnen den Beweis liefern.

Tipp 13:

Nutzen Sie Konzentrationsübungen, um für die Alltagsaufgaben besser gewappnet zu sein. Diverse Übungen helfen auch zur Entspannung, denn Sie sind dann freier im Kopf und müssen nicht so viel über unnötige Dinge nachdenken. Die Entspannung, die daraus entsteht, beeinflusst Ihr Umfeld auf positive Weise.

Tipp 14:

Räumen Sie auf. Damit ist nicht gemeint, dass Ihre Wohnung der von Hempels unter dem Sofa gleicht. Es geht darum, dass Sie mit alten, nicht mehr genutzten Dingen, Gefühlen und Einstellungen aufräumen. Verkaufen Sie ruhig Ihre Kleider, die Sie seit zwei Jahren nicht mehr tragen. Kaufen Sie sich vielleicht stattdessen etwas Neues. Dies hält Ihr Gefühl aktuell zu sein mit aufrecht, was ein Motivationsplus ist. Dabei stellen Sie sich bitte folgende Fragen:

Was brauche ich überhaupt noch?

Was möchte ich mit dieser Tätigkeit erreichen?

Wie motiviert bin ich, wenn ich das tue, was ich gerade tue, oder sonst immer tue?

Dies ist nur ein Auszug aus einer Menge an Tipps und Tricks, die Ihnen helfen werden, Ihre Motivation leichter zu erreichen. Nutzen Sie vor allem auch Tricks, die Sie selbst finden können. Zum Beispiel halten Sie sich strikt an Ihre Ziele. Oder Sie zwingen sich selbst, Ihren Tagesablauf besser zu optimieren, damit Sie beispielsweise mehr Zeit für Sport und Ihr Familienleben haben.

Kapitel 10: Soziale Bindungen sind auch im Ruhestand unverzichtbar

Was ist, wenn alte Freunde und Kollegen fehlen? Was bringen neue Bekanntschaften? Und welcher Wichtigkeit sind soziale Kontakte innerhalb der Gesellschaft unterworfen? Diese Fragen werden stets gestellt, nicht nur im Ruhestand. Jedoch, hinsichtlich des Ruhestandes, sind soziale Bindungen noch mehr von Bedeutung. Denn die Anzahl an Ruheständlern, die in ihren Wohnungen vereinsamen wächst stetig.

Eine besonders interessante Frage ist es somit, wieso Männer so sportversessen sind, egal welches Alter sie haben. Ob dieser Sport selbst ausgeübt wird, nimmt dabei nur eine zweitrangige Rolle ein. Generell besteht die Frage, wieso Menschen an Sportveranstaltungen begeistert als Zuschauer teilnehmen. Die Antwort auf die Frage ist einfach. Der Mensch als soziales Wesen reiste in Gruppen umher, um Nahrung zu finden. Insbesondere Männer hatten die Rolle als Versorger, Jäger und Sammler eingenommen. Deswegen sind Männer auch so erpicht darauf, bei Sportveranstaltungen dabei zu sein. Und deswegen fällt es ihnen dementsprechend schwer im Ruhestand im Kontakt zu anderen Personen zu bleiben. Männer sind weniger kommunikativ und brauchen mehr Anreize, um in eine Gruppe einzutreten.

Dabei ist eine Gruppe wie ein Fußballverein sehr willkommen. Der Sport befriedigt den uralten Instinkt des Mannes, einer Gruppierung zugehörig zu sein. Das Rollenbild zwischen Mann und Frau hat sich bis ins Wesentliche auch heute kaum verändert. Jungen bevorzugen Ballsportarten, wie Fußball, etc., was der Jagdübung dient. Und Mädchen werden mit Puppen und Ähnlichem versorgt, eben um die Versorgung der Familie intern zu trainieren. Dieser kleine Ausflug in die menschliche Evolution macht deutlich, wie intensiv Männer ihre Gefühle nicht ausdrücken können. Denn bei einem Sportevent sind sie in der Lage Gefühle herauszuschreien und in Rage zu kommen. Kommen jedoch andere Situationen in Gang, so sind sie oft nicht fähig über ihre eigenen Bedürfnisse zu sprechen. Diese Verhaltensweise führt zu problematischen Verständigungsproblemen, die sowohl im Ruhestand als auch im restlichen Leben existent sind.

Soziale Kontakte, Medien und die Gesellschaft

Sowohl soziale Kontakte als auch die Gesellschaft ist durchzogen mit der Nutzung von Medien. Medien sind die neue Form der Kommunikation. Technologische Hilfsmittel sind in der gesellschaftlichen Entwicklung nicht mehr wegzudenken. Eine selektive Verbreitung der unzähligen Informationen, aber auch die vielfältigen Nutzungsformen für soziale Zwecke verstärken die technische Entwicklung, aber auch die Vernetzung eben dieser Medien wird immer intensiver. Medien liefern die Möglichkeiten und Spielräume über weite Entfernungen zu kommunizieren, wodurch neue soziale Muster entstehen, welche zusammenhängend mit dem Wirklichkeitsverständnis, der Kommunikation und der Kognition einhergehen.

Die heutige Gesellschaft wird nicht umsonst als Mediengesellschaft bezeichnet, oder aber als Medienkultur benannt. Medial strukturierte Zusatzräume sind damit von tiefer Bedeutung. Sowohl für Sinn-, Orientierung- und Bedeutungssysteme. Es ist nachgewiesen, dass auch eine pädagogische Wirkung mit den Medien erzielt werden kann. Medien sind aus dem Leben von jungen Menschen nicht mehr wegzudenken und der Begriff „Kommunikation" betrifft praktisch auch die Modifizierung, die Veränderung und die Neuentstehung von weiteren Interaktion- und Kommunikationsformen. Somit nehmen Medien die Position der Inszenierungsmaschinen ein, Werkzeuge die als Kommunikanten fungieren. Gleichermaßen sind damit auch Erlebnisräume geschaffen. Die Nutzung der Medien ist dabei zwischen den Generationen unterschiedlich stark ausgeprägt. Stehen Sie kurz vor dem Ruhestand ist es leicht zu sehen, dass Kinder und Jugendliche sich intensiv mit Medien beschäftigen. Dabei sind die Medien ein Objekt, welches die eigene Identität fördert und damit immer weiter in das Leben der älteren

Gesellschaftsschichten rückt. Jede Generation bringt die vermehrte Nutzung der Medien immer mehr mit. Das Nutzen der Medien hat zudem die Wirkung, dass die Gesellschaft, als auch die Kultur differenziert werden. Dadurch ist diese gesellschaftliche Entwicklung überhaupt geschehen. Das Verständnis von Kultur, betreffend auf diverse Bedeutungs- und Handlungsmuster, hat eine einschneidende Wirkung in den Alltag selbst.

Soziale Arbeit und Medien sind durch die Perspektive der expliziten Darstellungen stark verknüpft. Themen in Serien eines sozialarbeiterischen Alltags sind aktuell. Beispielsweise werden Vergleiche zwischen der älteren und der jüngeren Generation gesucht, betreffend der Arbeit und der Rente. Hierbei kommen stets alte, wiedergekaute Themen auf. Zum Beispiel, ob es sich lohnt zu arbeiten, weil das deutsche Sozialsystem eigentlich abrissreif ist und längst ersetzt hätte werden müssen. Oder Fälle in denen Menschen versuchen aus den Schulden zu kommen und vieles mehr. Soziale Arbeit wird durch soziale Medien, wie alles andere an Informationen, schnell und einfach verbreitet. Um am Leben überhaupt noch richtig teilnehmen zu können ist es zudem sehr wichtig auf mediale Veränderungen rechtzeitig reagieren zu können - den Mut zu haben, auch im Ruhestand, sich mit neuen Medien zu beschäftigen und damit neue Kontakte zu finden.

Auch werden Medien sehr stark in der Pädagogik genutzt. Dabei findet eine Einteilung der Mediennutzung statt. Nämlich in die Funktion, der Verhinderung von pädagogischen Zielen, in der Funktion, der Herausforderung der pädagogischen Praxis, aber auch als mögliche Quelle für Lern- und Bildungsprozesse. Etwas, wovon Sie auch im Ruhestandsalter profitieren werden. Denn die Möglichkeiten durch Medien neu dazuzulernen ist so einfach wie nie. Dabei sind Medien in der Nutzung des pädagogischen, sozialen Bereiches auch eingeteilt in die Gegenüberstellung kritischer, aber auch unkritischer Medienkonsumenten, sowie der Gegenüberstellung kommerzieller, als auch pädagogischer Angebote. Gleichsam werden Medien unterteilt in die Nutzung zwischen der Innenwelt und der Außenwelt. Bei Lernprozessen kann dabei sehr schnell zwischen unnützem Lernstoff und nützlichem Lernstoff differenziert werden. Die Aktivität der Mediennutzung entscheidet im 21. Jahrhundert oftmals darüber, wie kommunikativ ein Mensch ist. Wenn Sie sich an sozialen Kontakten beteiligen wollen, ist es also sehr gut sich den sozialen Medien anzuschließen. Der einfache Grund, sich der Nutzung dieser Medien unkompliziert und zeitsparend anzuschließen, wird Ihnen helfen, Ihre sozialen Kontakte zu halten und Neue dazu zu gewinnen.

Betreffend der Lernförderung nimmt die Medientechnologie einen großen Teil ein. Denn das Spielen ist ein Teil des Lebens und sollte auch im hohen Alter noch praktiziert werden. Spielen fördert das Gedächtnis, die Feinmotorik und ist ein Garant für ein geselliges Miteinander. Noch besser ist es, wenn sportliche Aktivitäten mit dabei sind. Medien sind auch bekannt dafür, eine Art Sog zu sein. Sie ziehen den Spieler oder den WhatsApper in den Bann und können unter Umständen zur Sucht werden.

Dies könnte bewirken, dass jemand in einer medialen Welt gefangen ist und den Normalitätskonstrukten nur schwer wieder folgen kann. Aber auch wenn Medien in dem Sinne sowohl Pro als auch Kontra besitzen, ist es immer ratsam, die Nutzung von Medien in das Leben des Ruhestands miteinzubeziehen. Die gegenwärtige Veralltäglichung der Medien zwingt praktisch dazu, bei sozialen Medien mitzuwirken, möchte man soziale Kontakte beibehalten. Aufwachsen, Leben und Arbeiten innerhalb der modernen Welt ist mit Medien verwoben, ein Fakt, den Sie auch im Ruhestand nicht außen vorlassen sollten.

Haben Sie sich gut für den Ruhestand vorbereitet?

Die Rente ist stets ein Thema mit welchem sich jeder von uns beschäftigen sollte. Jeder wird alt und braucht früher oder später eine gute Vorbereitung für den Abschnitt des Lebens, in dem man sich ausruhen kann vom aktiven Berufsleben. Allerdings, sich nur um die finanziellen Bereiche zu kümmern, reicht nicht aus. Selbst wenn Sie schon in jungen Jahren begonnen hatten, sollten Sie stets vor Augen haben, dass es mehr gibt als ein Dach über dem Kopf und das Essen auf dem Tisch. Versuchen Sie, eine möglichst hohe Rente zu erhalten. Vielleicht schließen Sie eine spezielle Lebensversicherung ab, oder lassen sich früh einen Bausparvertrag anlegen, um in Ihre eigenen vier Wände zu kommen.

Es gibt viele Möglichkeiten dazu, von der Rente in der Matratze, bis hin zu speziellen Versicherungen, Aktien und mehr. Lassen Sie sich am besten ausgiebig beraten. Doch beachten Sie bitte auch, dass durch die drohende Finanzkrise Ihre Gelder womöglich nichts mehr wert sein könnten. Oder Sie evtl. kaum noch eine gesetzliche Rente erhalten werden, aufgrund der Schwierigkeiten des deutschen Sozialsystems. Hören Sie sich viele Angebote an und wählen Sie weise die Angebote und Wege, die zu Ihnen passen. Hilfe erhalten Sie bei speziellen Verbänden wie dem VDK, Bauernverband und Co.

Die eigentliche Frage, ob Sie wirklich für den Ruhestand bereit sind, können Sie sich Stück für Stück in den folgenden Kapiteln nach der finanziellen Klärung stellen. Es wird eine Reihe an Fragen geben, die Sie für sich beantworten und die Antworten dazu aufschreiben. In diesem Ratgeber sind Sie auf diverse Testfragen gestoßen. Fragen, die Ihre Bereitschaft testen, ob Sie bereit für den Ruhestand sind. Bitte beantworten Sie alle Fragen ehrlich für sich selbst. Schreiben Sie alles auf und prüfen Sie Ihre Antworten ehrlich für sich selbst. Sobald Sie Klarheit haben, wird es Ihnen leichter fallen sich auf den Ruhestand vorzubereiten.

Der größere Teil Ihres Weges betrifft Ihren Umgang mit dem Ruhestand selbst. Dabei sind Worte wie Entspannung, Gesundheit, Sport und gute soziale Bande von großer Wichtigkeit. Nun haben Sie im Laufe der Beantwortung all dieser Fragen herausgefunden, was Ihre Hobbys, Ihre Interessen, Ihre Wünsche und Ihre aktuellen Eigenarten sind. Dieses wirre Mosaikbildnis müssen Sie nun für sich in Ordnung bringen. Vielleicht lohnt es sich, ab sofort einige Verhaltensweisen grundlegend zu ändern. Und nach einem kleinen Schritt in die richtige Richtung folgen stets nimmer mehr Schritte in die richtige Richtung. Fangen Sie in Ihrer Jugend an. Wählen Sie den Beruf, den Sie mögen, nicht der, der am meisten Geld abwirft. Denn damit werden Sie Erfüllung finden. Versuchen Sie aber auch, diese Tätigkeiten, die Sie im Beruf ausüben, sollten Sie große Freude daran haben, auch in Ihren künftigen Ruhestandsalltag einzubauen. Nachdem Sie nun eine Reihe an Fragen und Tests über sich ergehen haben lassen, wissen Sie vermutlich mehr über sich und Ihre Wünsche und Ziele.

Der Ruhestand ist eine Phase des Lebens, die genauso von diesen Wünschen, Träumen und Zielen geprägt ist, wie in anderen Lebenslagen. Ihre Bedürfnisse sind immer existent. Und es lohnt sich, diese immer wieder neu zu beleben, Dinge zu erleben, sich wie ein Kind zu fühlen, welches gerade etwas Neues entdeckt hat. Die Vorbereitung auf Ihren Ruhestand ist ein Prozess den Sie mit Bedacht, Verstand und Herz durchgehen sollten.

Quellen:

vgl. Rehren; Alterspyramide; https://www.planet-wissen.de/gesellschaft/alter/gesellschaft_der_alten/pwiealterspyramide100.html)

(vgl. Wegbegleiter Rente, IG-Metall; https://www.igmetall.de/service/ratgeber/tipps-fuer-heutige-und-kuenftige-rentner

Gesetzbuch: Einkommensteuer 2017

(vgl. morgenpost.de) https://www.morgenpost.de/vermischtes/article212118455/Zocken-macht-schlau-Gamer-Gehirne-sind-schneller-als-andere.html

(vgl. familienhandbuch.de) https://www.familienhandbuch.de/babys-kinder/entwicklung/kleinkind/spiel/WieSpielendieEntwicklungvonKindernfoerdernkann.php

https://www.musicol.de/musikinstrument-spielen

(vgl. wissenschaft.de) https://www.wissenschaft.de/umwelt-natur/wie-lesen-unser-gehirn-veraendert/

(vgl. planet-wissen.de) https://www.planet-wissen.de/gesellschaft/lernen/fremdsprachen_lernen/fremdsprachen-gehirn-100.html

(vgl. karrierebibel.de) https://karrierebibel.de/big-five/#Offenheit-fuer-Erfahrungen

(vgl. landsiedel-seminare.de) https://www.landsiedel-seminare.de/coaching-welt/wissen/lexikon/selbstreflexion.html

(vgl. Nature communications) Nature Communications, 2016; doi: 10.1038/ncomms11825

(vgl. Cleppien-Lerche XXXX) Cleppien-Lerche XXXX - Soziale Arbeit und Medien

(vgl. Pease-Pease 2002) Pease-Pease 2002 - Warum Männer lügen und Frauen immer Schuhe kaufen

(vgl. ergotopia.de/https://www.ergotopia.de/blog/selbstmotivation-tipps

https://www.berufsstrategie.de/bewerbung-karriere-soft-skills/selbstmotivation-motivation-arbeit.php

(vgl. jobware.de/https://www.jobware.de/Ratgeber/Selbstmotivation-am-Arbeitsplatz-aber-wie.html

(vgl. landsiedel-seminare.de/https://www.landsiedel-seminare.de/positive-psychologie/beduerfnispyramide.html

Wir danken Ihnen für Ihr Interesse und Ihr Vertrauen. Als Dankeschön dafür, haben wir eine besondere Überraschung. Wir haben ein **exklusives Tagebuch für Ihre Bucketlist für 25 Tage.** Und dieses erhalten Sie vollkommen kostenlos. Das klingt wunderbar? Dann warten Sie nicht lange und holen Sie sich Ihr Gratis-Geschenk.

Hier geht es zu Ihrem Gratis-Geschenk:

https://forms.gle/6sPmjDjPhwnbq3HB9

1. **Öffnen Sie die Kamera-App auf Ihrem Smartphone und richten Sie die Kamera auf den QR-Code.**
2. **Klicken Sie auf den Link, der Ihnen angezeigt wird und schon werden Sie zur Website weitergeleitet.**

Impressum

Herausgeber: Pegoa Global Media GmbH / Am Sandtorkai 27 / 20457 Hamburg
Kontakt: kontakt@pegoamedia.de
Coverbild: Shutterstock

Haftungsausschluss:
Die Nutzung dieses Buches und die Umsetzung der enthaltenen Informationen, Anleitungen und Strategien erfolgt auf eigenes Risiko. Der Autor kann für etwaige Schäden jeglicher Art aus keinem Rechtsgrund eine Haftung übernehmen. Haftungsansprüche gegen den Autor für Schäden materieller oder ideeller Art, die durch die Nutzung oder Nichtnutzung der Informationen bzw. durch die Nutzung fehlerhafter und/oder unvollständiger Informationen verursacht wurden, sind grundsätzlich ausgeschlossen. Rechts- und Schadenersatzansprüche sind daher ausgeschlossen. Dieses Werk wurde sorgfältig erarbeitet und niedergeschrieben. Der Autor übernimmt jedoch keinerlei Gewähr für die Aktualität, Vollständigkeit und Qualität der Informationen. Druckfehler und Falschinformationen können nicht vollständig ausgeschlossen werden. Es kann keine juristische Verantwortung sowie Haftung in irgendeiner Form für fehlerhafte Angaben vom Autor übernommen werden. Die bereitgestellten Analysen, Vorschläge, Ideen, Meinungen, Kommentare und Texte sind ausschließlich zur Information bestimmt und können ein individuelles Beratungsgespräch nicht ersetzen. Alle Informationen dieses Buches entsprechen dem Kenntnisstand zum Zeitpunkt des Verfassens dieses Buches. Eine Haftung für mittelbare und unmittelbare Folgen aus den Informationen dieses Buches ist somit ausgeschlossen.
Informieren Sie sich weitläufig aus unterschiedlichen Quellen und bedenken Sie, dass am Ende nur Sie für die Entscheidungen verantwortlich sind.

Urheberrecht:
Das Werk einschließlich aller Inhalte, wie Informationen, Strategien und Tipps ist urheberrechtlich geschützt. Alle Rechte vorbehalten. Nachdruck oder Reproduktion (auch auszugsweise) in irgendeiner Form (Druck, Fotokopie oder anderes Verfahren) sowie die Einspeicherung, Verarbeitung, Vervielfältigung und Verbreitung mithilfe elektronischer Systeme jeglicher Art, gesamt oder auszugsweise, ist ohne ausdrückliche schriftliche Genehmigung des Autors untersagt. Die Inhalte dürfen keinesfalls veröffentlicht werden. Bei Missachtung werden rechtliche Schritte eingeleitet.

Haftung für externe Links:
Unser Angebot enthält Links zu externen Websites Dritter, auf deren Inhalte wir keinen Einfluss haben. Deshalb können wir für diese fremden Inhalte auch keine Gewähr übernehmen. Für die Inhalte der verlinkten Seiten ist stets der jeweilige Anbieter oder Betreiber der Seiten verantwortlich. Die verlinkten Seiten wurden zum Zeitpunkt der Verlinkung auf mögliche Rechtsverstöße überprüft. Rechtswidrige Inhalte waren zum Zeit-punkt der Verlinkung nicht erkennbar.